불량교생 레볼루션
不良敎生 Revolution

TRANSFORMER FROM ZERO TO HERO

# 트랜스폼어

## 수능 영어의 서막

# 수능 기출로 영어의 기초를 다져라!

영어 입문 단계의 초등학생 · 중학생 · 고등학생에게
완성 단계의 수능 영어를 알기 쉽게 알려주는
**예시로 최고인 수능 영어 학습 혁명!**

## 대한민국 최고의 개인 과외 교사의
# 수능 영어 맛보기 특강!!!

주어, 서술어, 목적어, 보어, 수식어를 의미 단위로
차근차근 점점 길어지는 문장의 뜻을 파악한다.

결합된 **어법** 단위들을 분해해서
**낱낱이** 설명한 후 **재결합**한다.

이 책에 나오는 **꼬마예서**는 전 세계에 자랑할 만한, 대한민국이 낳은 보석 같은 아이, 명대사로 '가방이요, 가방!', '저는요?', '미친 x끼', '야, 인마' 등이 있는, 꾀꼬리 같은 목소리로 듣는 사람에게 유토피아 Utopia의 선율을 선사하는, 오늘도 꿈을 향해 와다닭 달려가고 있는 소녀, 아기-토끼 강예서를 롤모델 Role Model로 삼았음을 밝힙니다.

이 책의 본디 제목은 『수능 영어 공사중』이었습니다. '**공사**'란 아이디어가 떠오른 계기는 공사(04)년생들이 **때론 웃고, 때론 울며, 땀 흘리며 노력하는** 모습에 깊은 감명을 받아서였습니다. 04들? → 공사즈? → 공사중(工事中)! 무어 새삼스럽지만 이런 의식의 흐름을 따랐었음을 밝힙니다.

p.s.
제가 **대한민국 최고**-'최고'란 말은 수능 영어 수준에서 '최고'란 뜻입니다-의 '**독해력**'과 대한민국에서 가장 쉬운 '**어법 풀이**'로 개인 과외를 했던 사람이라, 이 『트랜스폼어 : 수능 영어의 서막』에서도 이런 저의 **노우하우(Know-How)**를 아낌없이 담고자, 여러 수능 영어 마인드의 포인트들 중에서 '독해'와 '어법' **비중**을 높였음을 밝힙니다. 탄탄한 '독해'와 '어법' 실력이 다져지면 다른 포인트들도 절로 다져지기도 하기 때문입니다.

불량교생은 하나의 시그니처(Signature)로 가급적 작품마다 B.G.M.(Back Ground Music)을 넣으려 합니다. 따라서 이 『트랜스폼어 : 수능 영어의 서막』에도 B.G.M.이 있는데 그건 바로…

**유토피아**
Utopia

sung by 강예서, 김보라, 김채현,
카와구치 유리나, 황씽치아오

♬♪
혹시 너도 느껴지니 우릴 감싸는 저 별빛이
손에 닿을 때면 용기가 나는 걸 부푼 꿈들을 찾아가
때로는 짙은 어둠 속에 길을 잃어도 괜찮아 그런 날도 있는 거겠죠
조금 힘이 들 때면 다가와서 내 손을 잡아줘

어디로 가는지 누구를 만날지 모르는 미래라도 좋아
놀라운 내일을 상상할 수 있잖아 난 매일 기대해 오늘도
어쩌다 아주 높은 벽에 가로막혀도 괜찮아 이젠 포기하진 않겠어
조금 지쳐 보이면 다가와서 살며시 안아줘

눈부신 태양 빛을 따라가 당당히 한 걸음씩 걸어가다 보면
지금의 난 먼 훗날 어떻게 기억될까 기대가 돼

기대하고 있어 큰 소리로 외쳐 오랫동안 기다려왔던 빛을 향해서

기다려 왔는걸

저 높이 날아볼까 두 눈 앞에 펼쳐진

나의

기대하고 있어 큰 소리로 외쳐

오랫동안 기다려왔던 빛을 향해서 기다려왔는걸

저 높이 날아볼까

두 눈 앞에 펼쳐진 나의 Utopia

Utopia

♬♪

자신의 꿈을 향해, 유토피아를 향해 정진하는 대한민국의 모든 청소년을 응원하는 마음을 담습니다.

★ ★ ★

『트랜스폼어 수능 영어의 서막』수능 기출 문장들의 mp3 파일은 하움출판사 블로그 https://blog.naver.com/haum1000에서 다운로드 받아 들으실 수 있습니다.

✿ ✿ ✿

# ◆ 착상의 계기 ◆

2023학년도 대학수학능력시험 외국어 영역 문제지를 꺼내든다. 수능 영어 문제들의 제목을 나열해본다.

18. 다음 글의 **목적**으로 가장 적절한 것은?
19. 다음 글에 드러난 Jamie의 **심경** 변화로 가장 적절한 것은?
20. 다음 글에서 필자가 **주장**하는 바로 가장 적절한 것은?
21. 밑줄 친 make oneself public to oneself가 다음 글에서 의미하는 바로 가장 적절한 것은?
22. 다음 글의 **요지**로 가장 적절한 것은?
23. 다음 글의 **주제**로 가장 적절한 것은?
24. 다음 글의 **제목**으로 가장 적절한 것은?
25. 다음 도표의 **내용**과 **일치**하지 않는 것은?
26. Niklas Luhmann에 관한 다음 글의 **내용**과 **일치**하지 않는 것은?
27. 다음 Renovation Notice의 **내용**과 **일치**하지 않는 것은?
28. 2022 Valestown Recycles Poster Contest에 관한 다음 안내문의 **내용**과 **일치**하는 것은?
29. 다음 글의 밑줄 친 부분 중, **어법**상 틀린 것은?
30. 다음 글의 밑줄 친 부분 중, **문맥**상 낱말의 쓰임이 적절하지 않은 것은?
[31~34] 다음 **빈칸**에 들어갈 말로 가장 적절한 것을 고르시오.
35. 다음 글에서 전체 **흐름**과 관계 없는 문장은?
[36~37] 주어진 글 다음에 이어질 글의 **순서**로 가장 적절한 것을 고르시오.
[38~39] 글의 **흐름**으로 보아, 주어진 문장이 들어가기에 가장 적절한 곳을 고르시오.

40. 다음 글의 내용을 한 문장으로 **요약**하고자 한다. 빈칸 (A), (B)에 들어갈 말로 가장 적절한 것은?

[41~42] 다음 글을 읽고, 물음에 답하시오.

41. 윗글의 **제목**으로 가장 적절한 것은?

42. 밑줄 친 (a)~(e) 중에서 **문맥**상 낱말의 쓰임이 적절하지 **않은** 것은?

[43~45] 다음 글을 읽고, 물음에 답하시오.

43. 주어진 글 (A)에 이어질 내용을 **순서**에 맞게 배열한 것으로 가장 적절한 것은?

44. 밑줄 (a)~(e) 중에서 **가리키는 대상**이 나머지 넷과 다른 것은?

45. 윗글에 관한 **내용**으로 적절하지 **않은** 것은?

이걸 좀 줄여볼까? 문제의 핵심 단어만 추려보면,

목적, 심경, 주장, 의미, 요지, 주제, 제목, 내용 일치, 내용 일치, 내용 일치, 내용 일치,
어법,
문맥, 빈칸, 흐름, 순서, 흐름, 요약, 제목, 문맥, 순서, 가리키는 대상, 내용

을 묻고 있다.

　여기서 **중복**을 **없애**고, (딱 부러지게 나누긴 힘들지만 그래도) 비슷한 것들을 묶어 보면,

목적, 주장, 요지,
심경,
주제, 제목, 요약,
내용 일치,
문맥, 의미, 빈칸,
흐름, 순서,
가리키는 대상,
어법,

정도 되겠다. 더 묶어 볼까?

목적, 주장, 주제, 제목, 요지, 요약,
심경,
내용 일치, 가리키는 대상,
문맥, 의미, 빈칸, 흐름, 순서,
어법,

자, 그럼 생각해보자,
어떻게 수능 영어 마인드를 기를 수 있을지를.
영어 문장들을 대할 때마다
저런 문제의식을 꾸역꾸역 총동원하는 연습을
하면 되지 않겠는가!

트랜스풀어

# 어법 트랜스품어 목차

# 인트로
# Intro

불량교생은 **수능영어공사** 중학교에서 **중학생**을 위한 수능 영어 마인드 **양성**을 주제로 한 특별 수업을 하게 되었다.

불량교생이 어느 빈 교실에서 수업안을 고심하고 있는데, 한 꼬꼬마 여학생이 깡충깡충 뛰어서 다가왔다.

에헴! 에헴! 안노옹!

……응? 누구냐, 넌? 키로 보아하니 초딩이냐?

초딩 아니에요! 중딩이에요!

……. 이름이 뭔데?

전 꼬마에서라고 해요. 2학년 2반 2번이에요. 이 2번은 절대 키 순서가 아니에요! 제 키는 2미터 22센티미터에요!

키가 몇이라고?

2백 2십 2미터라고요!

…….
(꼬마란 걸 많이 시로하는 꼬마예서인가?
시로! 시로! 꼬마시로 시로!를 외치는 꼬마예서인 듯?)

그런데 누구세요오?

아, 난 불량교생이라고 해. 대한민국 최고의 개인과외
선생님-이라고 늘 혼자 주장하는 사람-이지.

모하세요오? 뭐 보고 계시나요?

가만, 예서? 예서? 아, 너구나! 내가 너를 위해
영어 수업을 해야 하거든. 수업안을 파고 있었어.

히잉, 예서는 영어, 시로! 시로!

영어 시로하는 예서가 영어 좋아하게끔
수업을 잘 해야겠군, 펍.

정말요?

그러엄. 진심으로, 다채롭게!

## I have been a bird-watcher since childhood.

고3 2023학년도 11월 대학수학능력평가 홀수형 18번

나는 어린 시절부터 계속 새를 관찰하는 사람이었다.

> **watcher** [wάʧər] **n.** 관찰자, 연구가, 파수꾼
> **since** [sins] **conj.** ...이므로, ...이후로  **prep. ad.** 이후로
> **childhood** [ʧáildhùd] **n.** 어린 시절

깡충깡충 불량교생에게 또 뛰어오는 꼬마예서, 의아해한다.

불량교생

(고개를 갸우뚱갸우뚱) 무슨 일 있으신가요옹?

(머뭇머뭇) 저기…, 그게… 쫌….

무슨 얘긴데요? 속시원히 해보세요옹!

쩝, **수능 영어 마인드**를 기르기 위해서는 **수능 영어 문장**들을 볼 수밖에 없는데, 수능에 나왔던 문장들이라 쓰인 단어들이 쫌 어려울 수 있을 것 같아서 말이야.

(눈을 휘둥그레 뜨며) 중딩인 저 보고 그럼 고딩 단어들이 쓰인 문장을 보라구요?

트랜스쿨어

펌, 그래도 초딩은 아니고 중딩이잖아?
그리고 **불량교생님은 단어를 초딩용, 중딩용, 고딩용
나누는거에 큰 의미를 두지 않는 사람이라서 말이야.**

히잉~, 시로! 시로! 예서는 어려운 단어 시로! 시로!

펌, 그 심정은 알겠는데, 이건 정말 어쩔 수 없는 일이야.
이 불량교생님이 단어 뜻을 잘 얘기해줄 테니까
잘 따라오기 바란다.

히잉, ······ 네.

작게라도 대답하니 다행이군.
자, 그럼 본격적으로 가보자고! ♫♪

**독해 POINT!**
**트랜스폼어**

<sup>주어</sup>
**I**

**나는**

<sup>주어</sup>    <sup>서술어</sup>
**I   have been**

나는 **~이었다**

<sup>주어</sup>    <sup>서술어</sup>       <sup>보어</sup>
**I   have been   a bird-watcher**

나는 **새를 관찰하는 사람**이었다

<sup>주어</sup>   <sup>서술어</sup>     <sup>보어</sup>        <sup>수식어</sup>
**I   have been   a bird-watcher   since childhood.**

나는 **어린 시절부터 계속** 새를 관찰하는 사람이었다.

have been은 이른바 **현재완료**란 건데,
여기서는 뒤에 나온 since랑 같이 봐야해.
앞으로 문장의 해석은 어법의 포인트를 짚으며 같이 할게.
이건 불량교생이 늘 강조하는 내용인데, 어법 따로,
해석 따로 하는 영어 학습은 옳지 않아.
**어법 공부가 곧 내용 이해고, 독해 과정이지.**
암, 그럼, 그렇고 말고.
어법과 더불어 다른 수능 point들도 함께 짚어 나갈 테니까
함께 잘 가보자고!

**어법 POINT!**
**트랜스폼어**

have p.p. + since는? 〔현재완료의 계속 용법〕이다!
〔~이후로 계속 ~해왔다, 계속 ~이었다〕는 뜻이다!

그 유명한 다음의 문장으로 시작해 보자.

주어 서술어 보어
**I am a student.**

'나는 학생이다'라는 뜻이지?

≒

주어 서술어 보어
**I have been a bird-watcher.**

랑 기본적으로 **똑같은 구조**야. 보여? am 대신에 have been이 들어갔고,
a student 대신에 a bird-watcher가 있을 뿐이잖아.

# be동사의 변신

be동사 → 동사원형 → p.p.
am → be → been

have p.p. 서술어     접속사
+    = have been + since
have    현재완료로 탈바꿈   접속사와 어울림

been은 be동사의 'p.p.', 즉 **과거분사**인데, 'have + p.p.'를 우린 **'현재완료'**라고 불러. 보통 **'경험, 계속, 결과, 완료'** 중의 하나로 해석하는데, 여기서는 **'계속'** 정도로 보면 돼. '나는 계속 새를 관찰하는 사람이었다' 라는 뜻이지.

왜냐하면 바로 뒤에 'since'가 있거든. since는 **접속사**로 '~이므로'란 뜻도 있지만, 이렇게 have + p.p. **현재완료**랑 만나면 보통 **'~이후로'**란 뜻으로 쓰여. 그러니까

주어   서술어        보어           수식어
I  have been  a bird-watcher  ( since childhood ).

는 '어린 시절 이후로 계속 나는 새를 관찰하는 사람이었다'란 뜻이 나오는 거지. (휴, 겨우 한 문장 해석을 완료했군.)

참고로 여기서 a student나 a bird-watcher를 '**보어**'라고 부르는 이유를 짚고 넘어갈게. 보어는 말 그대로 **'보충해주는 말'**이란 뜻이야. 봐봐. 'I am'까지만 문장이 있으면 뜻이 어떻게 돼? '나는 ~이다'지? 이게 무슨 말이야? '**am**'이 '**~이다**'란 뜻인데 뭣인지, 누구인지가 나와줘야 할 거 아냐? '나는 ~이다'란 말만으로는 무언가 빠져있지. 부족하지. 그래서 '**보충해주는 말**'인 보어가 등장하는 거야. 'I am a student.' 나는 학생이라고! 비로소 빠짐없는 말이 되는 거지. 'I have been a bird-watcher.'도 마

찬가지. 나는 새를 관찰해온 사람이라고! 이야기하는 거지. 그래서 'am, are, is, was, were' 같은 **be동사의 뒤에 나오는 말은 보어가** 되는 거야.

'since childhood'를 **수식어라고** 부르는 까닭은, **수식어란** 뭔가를 **꾸며주는 말**인데, 이 문장에서 since childhood가 앞 문장인 'I have been a bird-watcher'를 꾸며주고 있기 때문이야. '어린 시절부터'란 말이 '나는 새를 관찰해온 사람이었다'란 말을 꾸며준단 소리지. 이런 말이 처음엔 낯설게 들릴 수 있겠지만 차차 익숙해질 거라 믿어. 그리고 이렇게 뭔가가 **문장을 꾸며줄 때** 우리는 그것을 **부사의** 역할을 하는 **부사어라고** 불러.

하고 싶은 말이 뭐겠어? 자기가 'a bird-watcher'란 얘기잖아. 이렇게 말하고자 하는 바를 문장에서 **'한 낱말'로** 찾는 건, **요지, 요약,** 그리고 **목적, 주장, 주제, 제목** 마인드의 기본이지!

원래 **글의 흐름은** 문장과 문장이 여럿이 나올 때, **여러 문장들을** 읽어가며 글의 흐름을 파악하는 문제지만, 우린 다른 시각으로 접근할 수도 있어. 이 **한 문장만으로** 어떤 '흐름'을 읽을 수 있지. 무슨 흐름 같아? 좀 전에 얘기했잖아. 이 문장은 **'계속'의** 용법이 쓰인 문장이라고. 나라는 사람의 역사를 이야기해주고 있잖아. 나는 어렸을 때부터 **계속** 이렇게 살아왔다고. 한 사람의 삶의 '흐름'을 이야기해주고 있는 거지. 이 문장을 **시간의 흐름이란** 개념을 맛보는 기회로 삼아보자.

누군가가 '나는 어렸을 때부터 이런 일을 취미로 계속 해왔어'라고 말한다면, 그 사람은 어떤 마음일까? 그 취미를 사랑하면서, 무언가 자기가 하는 일에 매우 뿌듯하고, 자부심이 넘치지 않겠어? 그래서 아마 **'pride'**(자부심, 자랑)가 있을 거야.

보통 **가리키는 대상**은 앞에 어떤 명사가 나오고, 그 뒤에 나오는 **대명사가 앞의 어떤 명사를 받고 있는지**를 확인하는 문제이긴 하지만, 여기서는 약간 관점을 달리해서 볼게.

서술어
## I have been a bird-watcher.
주어      =      보어

라는 문장은 I가 **주어**, have been이 **서술어**, 그리고 a bird-watcher가 (좀 전에 설명한) **보어**인 문장 구조야. 여기서 보어는 **주어인 I를 보충해 주는 말**인데, 이 말을 달리 보면 **보어는 주어를 '가리키는 말'**로도 볼 수 있지.

서술어
## I am a student.
주어 = 보어

에서 a student가 누구겠어? 바로 주어인 I 아니겠어? 영어에서 중요한 **보어가 주어를 가리키는 말로 쓰일 수도 있구나** 라는 개념을 잡도록 해.

......

꼬마예서, 왜 말이 없니?

한꺼번에 너무 많은 걸 하는 거 같아 시로! 시로!

아, 처음이라 많아 보일 수 있겠지만, 익숙해지면 괜찮아.
그리고 한 문장을 보더라도 제대로 보는 게 중요하니까
조금만 참고 날 따라와 봐.

......네.

대답 소리가 작게 들리는 건 내 기분 탓인가, 쩝.

**have p.p. + since는 [현재완료의 계속 용법]이다!**

'해'브 '피'피 '신'스 = '계속'

## 해피 신 계속

'해피'(happy)해서 '신'나서 '계속'해!

… 응?

꼬마예서야, 이렇게 외우는 건 어떨까?

...... 정말 썰렁하시네요. 흐응!

**Recognizing how she felt about her failure, Ken, her teammate, approached her and said, "Jamie, even though you didn't set a personal best time today, your performances have improved dramatically."**

고3 2023학년도 11월 대학수학능력평가 홀수형 19번

그녀의 실패에 관하여 어떻게 그녀가 느꼈는지 인식하면서 그녀의 팀 동료인 켄은 그녀에게 다가가서 "제이미, 비록 네가 오늘 개인 최고 기록을 세우지 못했을지라도 너의 성적은 극적으로 나아졌어."라고 말했다.

꼬마예서의 표정이 시무룩하다. 불량교생이 묻는다.

불량교생

…… 표정이 왜……?

예서는 **긴 문장** 시로! 시로!

아, 괜찮아. 하나씩 하나씩 뜯어보면 별 거 아니야. 길던 짧던 간에 문장은 **의미 단위로 끊어서 차근차근 해석하면 돼.** 그리고 **긴 문장도 나눠보면 짧은 문장들이 모인 거니까.** 예서가 너무 힘들어 하니까 이 문장을 둘로 나눠서 볼게. 같이 해보자.

## Recognizing how she felt about her failure, Ken, her teammate, approached her and said,

고3 2023학년도 11월 대학수학능력평가 홀수형 19번 문장 앞부분

그녀의 실패에 관하여 어떻게 그녀가 느꼈는지 인식하면서 그녀의 팀 동료인 켄은 그녀에게 다가가서 말했다,

recognize [rékəgnàiz] v. 인식하다, 알아보다

felt [felt] v. 느꼈다 (feel의 과거형) p.p. (feel의 과거분사형)

failure [feil] n. 실패

teammate [tí:mmèit] n. 팀 동료

approach [əpróutʃ] v. ...에 접근하다, 다가가다

said [sed] v. 말했다 (say의 과거형) p.p. (say의 과거분사형)

분사구문
**Recognizing**
**인식하면서**

분사구문　　　의문사
**Recognizing how**
인식하면서 **어떻게**

분사구문　　　의문사　주어　서술어
**Recognizing how she felt**
어떻게 **그녀가 느꼈는지** 인식하면서

분사구문　　　의문사　주어　서술어　　전치사

# Recognizing how she felt about

~에 관하여 어떻게 그녀가 느꼈는지 인식하면서

분사구문　　　의문사　주어　서술어　　전치사　　　명사

# Recognizing how she felt about her failure,

**그녀의 실패에** 관하여 어떻게 그녀가 느꼈는지 인식하면서

주어

# Ken,

**켄은**

주어　　　　　동격

# Ken, her teammate,

**그녀의 팀 동료인** 켄은

주어　　　　　동격　　　　　　　서술어

# Ken, her teammate, approached

그녀의 팀 동료인 켄은 **다가갔다**

주어　　　　　동격　　　　　　　서술어　　　목적어

# Ken, her teammate, approached her

그녀의 팀 동료인 켄은 **그녀에게** 다가갔다

주어　　　　　동격　　　　　　　서술어　　　목적어　접속사　서술어

# Ken, her teammate, approached her and said,

그녀의 팀 동료인 켄은 그녀에게 다가가**서 말했다,**

**현재분사 -ing ~ , 주어 + 서술어**

**[동시 상황의 분사구문] [~하면서 …는 …하다]**

불량교생님, 에서는 시작부터 모르겠어용! 히잉,
**Recognizing**이 모예요?

동사인 **recognize** 뒤에 (그 유명한) **-ing**가 붙은 꼴로,
**현재분사**라는 건데, 여기서는 이렇게 문장 앞에 놓여서
이른바 **분사구문**으로 쓰이고 있지.

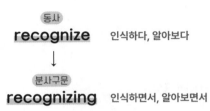

동사
**recognize** 인식하다, 알아보다

↓

분사구문
**recognizing** 인식하면서, 알아보면서

**Recognizing how she felt about her failure, Ken, her teammate, approached her and said,**

까지를 하나로 끊고, 먼저 보자. 이 문장에서 눈에 띄는 특징은 **문장부호**인 ','(**콤마, comma**)가 여러 개 보인다는 거야. 그리고 이 콤마들은 각각 의미가 있지. 잘 안 보인다고? **콤마** 표시를 크게 해줘야겠군.

**Recognizing how she felt about her failure, Ken, her teammate, approached ~**

어때? 잘 보이지? Recognizing이라는 **현재분사** -ing로 문장이 시작했고, 뒤에 **콤마**(',')가 왔어. 이런 걸 우리는 **분사구문**이라고 부르고 '**~하면서**'라는 동시 상황의 뜻으로 새길 때가 많아. 위 문장을 더 간단히 하면,

**recognizing~,**      **Ken approached ~**
분사구문    ,(콤마)      주어     서술어

트랜스폼어

'~을 인식하면서 Ken은 그녀에게 다가갔고, ~'란 말이지.

단, 문장이 -ing로 시작한다고, 무조건 다 분사구문의 동시 상황이겠구나 라고 생각하진 마. 사실 영어에서 -ing는 분사구문의 분사 말고, 그냥 현재분사로 쓰이는 게 많고 (그 유명한) '동명사'란 것도 있으니까. 간단히 맛만 보면

**동사**
**recognize**  인식하다, 알아보다

↓

**형용사** **현재분사**
**recognizing**  인식하는, 알아보는

**명사** **동명사**
**recognizing**  인식하는 것, 알아보는 것

무어, 이런 식이야. 현재분사 -ing는 '~하는'의 뜻으로 형용사로 쓰여. 동명사 -ing는 '~하는 것'으로 해석되고, 말 그대로 **명사**지. 이 얘긴 나중에 나올 때 더 하도록 하자.

## 명사, 명사 [동격]

**주어**     **동격**     **서술어**
**Ken, her teammate, approached ~**
그녀의 팀 동료인 켄은 다가갔다

Ken이 누구냐면 her teammate(그녀의 팀 동료)라고 ','를 써서 **부연 설명**해주고 있지. 'Ken = her teammate'니까 이런 걸 우린 '**동격**'이라고 불러.

어법 POINT!

## 동사 and 동사 [병렬 구조]

주어 · 동격 · 서술어 · 목적어 · 접속사 · 서술어

## Ken, her teammate, approached her and said,

and라는 **접속사** 앞뒤로 동사 approached와 said가 **나란히 나열**되어 있지. 이런 걸 우린 '**병렬 구조**'라고 불러. **병렬 구조**는 긴 문장의 내용을 **파악**하는데 아주 중요해서 불량교생이 늘 강조하는 문법 사항이지. 여기서는 **서술어**인 **동사**가 나란히 **병렬**을 이루고 있어.

> "Jamie, even though you didn't set a personal best time today, your performances have improved dramatically."

**고3 2023학년도 11월 대학수학능력평가 홀수형 19번 문장 뒷부분**

"제이미, 비록 네가 오늘 개인 최고 기록을 세우지 못했을지라도 너의 성적은 극적으로 나아졌어."

**even though** [í:vən ðou] conj. 비록 ...일지라도

**set** [set] v. set - set - set 놓다, 설정하다, 설치하다, 세우다

　　　　n. 한 벌, 세트, 장치

**personal** [pə́rsənl] a. 개인의, 개인적인

**best** [best] a. 최선의 ad. 최선으로 n. 최선, 최고 (good, well의 최상급)

**performance** [pərfɔ́:rməns] n. 수행, 공연, 연주, 연기, 성취, 성과

**improve** [imprú:v] v. 나아지다, 개선하다, 향상시키다

**dramatically** [drəmǽtikəli] ad. 극적으로

호격
Jamie,

제이미,

호격    접속사
Jamie,   even though

제이미, **비록 ~일지라도**

호격    접속사    주어
Jamie,   even though   you

제이미, 비록 **네가** ~일지라도

호격    접속사    주어    서술어
Jamie,   even though   you   didn't set

제이미, 비록 네가 **세우지 못했**을지라도

호격    접속사    주어   서술어    목적어
Jamie, even though you didn't set a personal best time

제이미, 비록 네가 **개인 최고 기록을** 세우지 못했을지라도

호격    접속사    주어   서술어    목적어    수식어
Jamie, even though you didn't set a personal best time today,

제이미, 비록 네가 **오늘** 개인 최고 기록을 세우지 못했을지라도

주어
your performances

너의 성적은

주어    서술어
your performances   have improved

너의 성적은 **나아졌어.**

주어    서술어    수식어
your performances   have improved   dramatically.

너의 성적은 **극적으로** 나아졌어.

## have improved 〔have p.p. 현재완료〕〔결과〕

동사
**improve** 나아지다

↓

현재완료
**have improved** 나아졌다

보통 일반동사는 '-ed'를 붙여서 '**과거형**'을 만드는데, 이 과거형이 그대로 '**과거분사**', 즉 p.p.로도 쓰여. 여기 쓰인 'improved'는 p.p.란 얘기야. 그렇다면? 여기서도 'have improved', 즉 have p.p.가 보이네. **현재완료**, 반갑지? 현재랑 뭔가 이어진 과거 얘기를 할 때 쓰이는 말인데, 여기서 **해석**은 그냥 **과거**처럼 '나아졌어'라고 하면 돼. 하지만 나아졌으니그 '**결과**'로 현재 나아진 **상태**에 있는 거겠지.

## even though 〔양보의 접속사〕〔비록 ~에도 불구하고〕

접속사　주어　서술어
**Even though you didn't set** a personal best time today,

주어　　　　　　　서술어
**your performances have improved** dramatically.

even though를 기준으로 문장이 두 개인 거 보여? even though가이끄는 'You didn't set a personal best time today.'란 문장이랑, 그

뒤에 이어진 'Your performances have improved dramatically.'란 문장이랑. 즉, 이 긴 문장은 간단히 정리하면 이렇다고 볼 수 있지:

**Even though**
**접속사** + **문장** , **문장**

접속사 though도 '~임에도 불구하고'란 뜻이지만, 그 앞에 even이 붙은 even though도 마찬가지로 '**비록 ~지만**'이란 뜻으로 비슷한 뜻이야. '<비록> 네가 개인 최고 기록을 세우진 못<했지만>, 네가 해낸 일은 극적으로 나아졌어.'란 말인데, **앞의 문장**은 최선의 결과를 이루지 못했단 얘기지? **안 좋은 얘기야.** 그런데 **뒤의 문장**은 넌 상당히 괜찮았어란 얘기지? **좋은 얘기야.**

이렇게 **앞뒤로 상반된 얘기**가 나올 때 연결해주는 말 중의 하나가 '~에도 불구하고'란 뜻의 (even) though인 거지. 이런 접속사를 우린 '**양보**'**의 접속사**라고 불러. (우리말로 흔히 쓰이는) 자리를 양보한다고 할 때의 그 양보랑은 약간 다르긴 하지만, 영어 문법에서 기본적으로 알아두어야 할 낱말이니까 꼭 챙기길 바람.

그리고 이렇게 **양보의 접속사로 연결될 때 무게중심은** -접속사가 이끄는 문장이 아니라- **뒤의 문장에 있는 거지.** '안 좋지만 좋다.' **결국 하고 싶은 얘기**는 '안 좋다'는 얘기가 아니라, '좋다! 괜찮다!'는 얘기니까.

이 문장의 **등장인물은 두 사람**이지. Ken과 Jamie. 이 둘의 **심정은 어떨까?** Ken은 무슨 일에 최선의 결과가 나오지 않은 상황인 것 같아. 이

럴 때 기분은 뭔가 실망스러움(disappointment)이겠지? 그런 팀 동료를 보는 Jamie의 심정은 뭔가 안쓰러운(sorry) 마음이겠지?

 POINT!

Ken이 Jamie에게 다가간 목적은 무엇일까? 실망한 팀 동료에게 기운내라고! **격려하기 위해서(to encourage)**겠지?

 POINT!

위 문장에서 **대명사**들이 많이 보이네:

she, her failure의 **her**, her teammate의 **her**, approached her의 her, 따옴표 안의 **you, your**

까지 모두 한 사람을 가리키고 있네. 누구지? Ken? Jamie? 그렇지, 바로 Jamie지.

 제안!

**'동'시'상'황의 '분'사구문**

**동상 분**

사투리로 '동생'을 '동상'이라고 하지. 이분 누구? **동상 분**이셔. **동상 분!**

··· 응?

## Each choice involves uncertainty about which path will get you to your destination.

고3 2023학년도 11월 대학수학능력평가 홀수형 20번

각각의 선택은 어느 길이 너를 너의 목적지로 데려가줄지에 관하여 불확실성을 포함한다.

each [i:ʧ] a. 각각의, 각자의 ad. n. 각각, 각자

choice [ʧɔis] n. 선택

involve [inválv] v. 말려들게 하다, 관여하게 하다, 포함하다

uncertainty [ʌnsə́rtənti] n. 불확실성

which [wiʧ] a. 어느 pron. 어느 것

path [pæθ] n. 경로, 길, 방향

get [get] v. 얻다, ...하게 하다, 닿다, 이르다, 이르게 하다

destination [dèstənéiʃən] n. 목적지

주어
### Each choice
**각각의 선택은**

주어 　　서술어
### Each choice involves
각각의 선택은 **포함한다**

주어 　　서술어 　　목적어
### Each choice involves uncertainty
각각의 선택은 **불확실성을** 포함한다

전치사
## about
~에 관하여

전치사 　의문사 　명사
## about　which　path
**어느 길이** ~에 관하여

전치사 　의문사 　명사 　서술어 　목적어
## about　which　path　will get　you
어느 길이 **너를 데려가줄지**에 관하여

전치사 　의문사 　명사 　서술어 　목적어 전치사 　　명사
## about　which　path　will get　you　to　your destination
어느 길이 너를 **너의 목적지로** 데려가줄지에 관하여

**each + 〔단수명사〕 + 〔단수동사〕**

단수명사　　　단수동사
## Each choice　involves　~.
주어　　　　　서술어

　영어에서 **단수와 복수**를 나눌 때 **명사와 동사**를 구별할 필요가 있어. 둘이 좀 대조되거든. 영어에서 '**단수(單數)**'란 '**하나**'란 말이지. 둘 **이상**이면 '**복수(複數)**'라고 하고.

　명사의 단수형에는 -s가 안 붙고, 명사의 복수형에 -s가 붙지. 사과

한 개는 an apple, 사과가 둘 이상이면 apples, 뭐 이런 식이잖아?

단수명사

**apple** 사과

복수명사

**apples** 사과들

그런데 동사는 달라. 3인칭일 때 '**주어가 단수냐 복수냐**'에 따라 '**동사도 단수형이나 복수형**'으로 그 꼴을 맞춰줘야 하는데, 동사는 **단수형일 때 -s가 붙고, 복수형일 때 -s가 안 붙어.** (여기서 말하는 동사는 be동사 말고, 일반적으로 쓰이는 '**일반동사**'를 말하는 거야. 3**인칭** 주어는 1인칭인 I와 2인칭인 You를 제외한 모든 주어를 가리켜.)

단수동사

**The apple looks delicious.** 그 사과는 맛있어 보인다.

복수동사

**The apples look delicious.** 그 사과들은 맛있어 보인다.

**단수 주어인 apple의 동사**는 looks잖아. -s가 붙어 있지. 복수 주어인 apples 뒤의 **동사**는 -s가 안 붙은 원형 꼴로 look이고.

이제 다시 본론으로 돌아오면 each는 뜻이 '**각각의**'라서 말이야. **각각 하나씩** 본다는 느낌이 들지 않아? 그래서인지 몰라도 **each는 단수랑 어울려. choice**가 **명사**인데 **단수꼴**이지. 명사에 -s가 안 붙었으니까. 그리고 뒤에 **동사 involves**도 **단수형**이야. 동사에 -s가 붙었으니까.

**의문사 문장 = 명사 문장 [문장도 품사가 될 수 있다!]**

꼬마예서, about의 **품사**가 뭔지 아니?

about은 **전치사** 아닌가용?

(끄덕끄덕) 잘 알고 있군.
전치사 뒤엔 어떤 품사가 오는지도 알아?

**전치사** 뒤엔 **명사**가 오는 거 아닌가용?
**명사** 앞에 오는 말이라서 **전치사**잖아용!

(끄덕끄덕) 아주 잘 알고 있군. 근데 예서야.

넹?

예서야, 잘 들어봐.

(쫑긋쫑긋) 몬데용?

**about** 다음에 온 '긴 문장'에 대해 할 얘기가 있어.
중요한 얘기야.

(쫑긋쫑긋쫑긋쫑긋) 몬데용?

| 전치사 | + | 명사 | |
|--------|---|------|---|
| **about** | | **the movie** | 그 영화에 관해서 |
| **about** | | **the books** | 그 책들에 관해서 |
| **about** | | **the flowers** | 그 꽃들에 관해서 |

about은 품사가 **전치사**지. **'명사'** 앞에 오는 말이라고 해서 **전치사 (前置詞)**라고 불러. about이 전치사니까 (위에 나온 것처럼) **뒤에 명사인 단어**가 와야잖아? 품사란 보통 낱말, 즉 하나하나의 단어를 분류하는 말이니까.

전치사 + 명사문장

**about ( which path will get you to your destination ).**

의문사문장 = 명사문장

그런데 위 문장에서 **전치사 about 뒤**에 단어가 하나 딱 온 게 아니라 **긴 문장**(which path will get you to your destination)이 왔단 말이야? 이게 어떻게 된 일일까? 여기서 잡아야 할 중요한 개념이 있어. 그건 바로 :

**긴 문장 자체가 하나의 명사다!** 라는 거야. which가 '어느'란 뜻의 **의문사**라서 which가 이끄는 이 문장을 '의문사 문장'이라고 부를 수 있는데, '의문사 문장'이 대표적으로 명사로 쓰이는, **명사 문장**이지. 아주 아주 아주 중요한 개념이니까 꼭 머리에 새겨두기 바람. **문장 자체가 하나의 품사 역할을 할 수 있다는** 것을. 여기서는 **문장 자체가 하나의 명사**가 된다는 것을.

여기서는 **명사 문장**이 나왔지만, 다른 중요한 **형용사 문장이나 부사 문장**도 많아. 반드시 기억해야해. 영어에서는 **문장이 명사, 형용사, 부사 등 하나의 품사로 기능한다!**는 걸. 알았지?

선택(choice)이란 말이 있고, **불확실성(uncertainty)**이란 말이 있고, **길(path)**이란 말이 있고, **목적지(destination)**란 말이 있어. 뭔가 도달하고자 하는 목적지가 있는데, 그 목적지로 가는 길을 선택해야 할 때, 그 길에 무엇이 있을지 모르니까 **불확실하다(uncertain)**는 말이겠지. (미래란 늘 확실하지 않은 그 무언가니까 말이야.) 우리가 어떤 선택을 할 때 이 선택이 맞는지 맞지 않은지 확실하지 않으면 **불안(uncertain)**하잖아? 바로 그 문제에 대한 문제의식이 담겨 있다는 얘기야.

**확실성(certainty)**에 비해 **불확실성(uncertainty)**은 그다지 바람직하지는 않은 상태니까, 이 문장을 쓴 사람은 이 불확실성에 대해 뭔가 **못마땅(not satisfied)**해 한다는 걸 알 수 있어.

'이거다'를 '저거다', '그렇다'를 '아니다', '아니다'를 '그렇다' 등등……으로 하면서 **내용의 일치, 불일치**를 따지고들 하지. not 같은 게 쓰인 **부정문을 긍정문**으로 바꾼다거나 하면서 말이야. uncertainty 같이 certainty에 **부정접두어 'un-'**이 붙어서 **반대말**을 만들면, 내용 불일치 예문을 만들기 딱 좋지. 이 **'un-'**을 지워서 'Each choice involves certainty' 식으로 말이야.

목적지를 향한 경로 선택의 불확실성이 문제라면, 이 문장 다음에 올 문장은 어떤 내용이 될까? 무언가 목적지에 도달할 수 있는, 보다 '확실한' 경로가 무엇인지에 관한 고민이 나올 것 같지 않아?

each ['이'취]랑 '단'수명사 + '단'수동사

'단'수명사 + '단'수동사랑 each ['이'취]

## 단단이

… 응?

'단단히'의 짝퉁으로 '단단이' 어때?

# Diaries were central media through which enlightened and free subjects could be constructed.

고3 2023학년도 11월 대학수학능력평가 홀수형 21번

일기들은 그 매체를 통해서 계몽되고 자유로운 주체들이 건설될 수 있었던 중심적인 매체였다.

---

diary [dáiəri] **n.** 일기, 수첩

central [séntrəl] **a.** 중심의, 중앙의

media [mí:diə] **n.** 매체

through [θru:] **prep.** ...을 통하여, 내내 **ad.** 관통하여, 줄곧

enlighten [inláitn] **v.** 계몽하다, 깨우치다

free [fri:] **a.** 자유의, 자유로운, 무료의, 공짜의

subject [sʌ́bdʒikt] **n.** 주제, 과목, 실험 대상자, 취재 대상

　　　　　　　　　**a.** 지배를 받는 **v.** 종속시키다

construct [kənstrʌ́kt] **v.** 건설하다, 구성하다

---

주어
**Diaries**
일기들은

주어　　서술어
**Diaries　were**
일기들은 ~였다

| 주어 | 서술어 | 보어 |
|---|---|---|
| Diaries | were | central media |

일기들은 **중심적인 매체**였다.

| 주어 | 서술어 | 보어 | 전치사 |
|---|---|---|---|
| Diaries | were | central media | through |

일기들은 중심적인 매체였다, **~를 통해서**

| 주어 | 서술어 | 보어 | 전치사 + 관계대명사 |
|---|---|---|---|
| Diaries | were | central media | through which |

일기들은 중심적인 매체였다, **그 매체**를 통해서

| 주어 | 서술어 | 보어 | 전치사 + 관계대명사 | 형용사 |
|---|---|---|---|---|
| Diaries | were | central media | through which | enlightened |

일기들은 중심적인 매체였다, 그 매체를 통해서 **계몽된**

| 주어 | 서술어 | 보어 | 전치사 + 관계대명사 | 형용사 |
|---|---|---|---|---|
| Diaries | were | central media | through which | enlightened |

| 접속사 | 형용사 |
|---|---|
| and | free |

일기들은 중심적인 매체였다, 그 매체를 통해서 계몽되**고 자유로운**

| 주어 | 서술어 | 보어 | 전치사 + 관계대명사 | 형용사 |
|---|---|---|---|---|
| Diaries | were | central media | through which | enlightened |

| 접속사 | 형용사 | 명사 |
|---|---|---|
| and | free | subjects |

일기들은 중심적인 매체였다, 그 매체를 통해서 계몽되고 자유로운 **주체들이**

| 주어 | 서술어 | 보어 | 전치사 + 관계대명사 | 형용사 |
|---|---|---|---|---|
| Diaries | were | central media | through which | enlightened |

| 접속사 | 형용사 | 명사 | 조동사 |
|---|---|---|---|
| and | free | subjects | could |

일기들은 중심적인 매체였다, 그 매체를 통해서 계몽되고 자유로운 주체들이
**~할 수 있었던**

| 주어 | 서술어 | 보어 | 전치사 + 관계대명사 | 형용사 |
| --- | --- | --- | --- | --- |

**Diaries** **were** **central media** **through which** **enlightened**

| 접속사 | 형용사 | 명사 | 조동사 | be동사 + p.p. |
| --- | --- | --- | --- | --- |

**and** **free** **subjects** **could** **be constructed.**

일기들은 중심적인 매체였다, 그 매체를 통해서 계몽되고 자유로운 주체들이
**건설될 수 있었던.**

**'주체'**란 말이 너무 어려워용, 히잉.

아, 별거 아냐. 그냥 **'주인공'**이라고 생각하면 됨.
여기서는 일기를 쓰는 **주인공**, 일기를 쓰는 사람이야.

아항, 알고 보니 진짜 별거 아닌 말이네용.

그럼, 그럼. 이 불량교생님의 **주특기**가 이렇게
**어려운 말을 '아주 쉽게'** 풀어주는 거니까 잘 따라오라고!

**p.p.〔과거분사〕 ≠ be동사 + p.p.〔수동태〕**

영어에서 동사를 외울 때는 **동사원형**을 동사의 **과거형**이랑 **과거분사
형**과 같이 익혀야 해. 흔한 **동사 go**를 가지고 해보자.

# go - went - gone

동사원형   과거형   과거분사형

과거분사 = p.p.

동사 go의 경우 동사원형은 go고, **동사원형은 현재형**에 쓰여. **'간다'**는 뜻이지. **과거형**은 went고, **'갔다'**는 뜻이지. 당연한 말이지만 중요한 말인데, **동사의 과거형도 동사야**. **'~다'**로 해석이 되고 **서술어로 쓰이니**까.

문제는 세 번째에 나오는 gone인데 **과거분사**라는 녀석이야. **과거분사**를 우리는 **p.p.**라고 불러. 부르기 편하니까. 이 **p.p.**는 동사가 변신한 녀석이지만 **동사가 아니야! p.p.는 형용사야!** 보통 **'~된'**, **'~당한'**, **'~받는'**의 수동 뜻으로 해석되곤 해. 여기서 gone은 수동으로 해석하긴 힘들고 **'가버린'** 정도로 새기면 될 것 같아. 그러나 압도적으로 많은 동사들의 **p.p.는 수동의 뜻을 지닌 형용사**라는 점, 꼭 기억해!

동사 go는 이렇게 **과거형**과 **과거분사형**의 모양이 제각각이지. 이렇게 **과거형**과 **과거분사형**의 모양에 규칙이 없는 동사를 **'불규칙동사'**라고 불러. 그런데 대다수의 동사들은 **과거형**과 **과거분사형**을 만들 때 **'-ed'**를 끝에 붙여주면 되지. 이렇게 규칙적으로 동사 꼴이 변형되는 동사를 **'규칙동사'**라고 불러. 뜻이 너무 좋은 **동사 love**를 가지고 생각해 볼까?

# love - loved - loved

동사원형   과거형   과거분사형

사랑한다   사랑했다   사랑받는

뭐 이런 식이지. **동사원형 love**는 현재형으로 **'사랑한다'**는 뜻이고, **과거형 loved**는 동사로 **'사랑했다'**는 뜻이야. 그러나 **과거분사 p.p.**인 loved는 **형용사로 수동의 뜻**으로 해석하면 **'사랑받는'**이 되는 거야.

자, 그럼 원래의 문장을 보자.

형용사　　　접속사　형용사　　　명사
### enlightened　and　free　subjects

enlightened에 '-ed'가 붙어있는 거 보여? 이 '-ed'는 **과거형 동사일까, 아니면 과거분사 p.p.인 형용사일까?** 중요한 질문이라 한 번 더 이야기할게.

### '-ed'는 과거형 동사일까, 아니면 과거분사 p.p.인 형용사일까?

이 질문은 앞으로 영어 문장의 모든 '-ed'를 볼 때마다 머릿속에 떠올리고 판단해야 할 질문이야. 너무 너무 너무 중요한 질문이란 걸 알겠지?

결론만 이야기하면, 여기서 enlightened는 '계몽했다', '일깨웠다'란 **과거형 동사**가 아니라 '계몽된', '일깨워진'을 뜻하는 **형용사 p.p.**란다. '계몽된 주체'란 뜻으로 뒤에 나오는 **명사 subjects를 꾸며주고 있**지. 꾸며주는 말이니까 '**수식어**' 역할을 하는 거야. 그런데 혼자 꾸며주는 게 아니라 **접속사 and**로 연결되어 **형용사 free**랑 **함께** subjects를 꾸며주고 있어. 보여? **형용사 병렬 구조**란 거 보여?

그럼, 문장 끝에 나온 constructed로도 생각해 보자.

### construct - constructed - constructed

동사원형　　　　　　과거형　　　　　　　과거분사형
구성한다　　　　　　구성했다　　　　　　구성되는
　　　　　　　　　　동사　　　　　　　　형용사

자, 이 문장에서 constructed는 **과거형 동사**일까, 아니면 형용사인 **p.p.**일까? **'구성했다'**로 해석할까, 아니면 **'구성된'**으로 해석할까? 정답은? **동사가 아니라 형용사**야! 왜? constructed 바로 앞에 **be동사**가 있으니까. **동사 뒤에 동사를 또 쓸 순 없어.** (동사 뒤에 동사를 또 쓰고 싶으면 연결해주는 접속사를 사이에 끼워 넣어야 해.) be동사와 함께 **be constructed**는 **'구성된다'**로 해석이 되는 거지.

## be constructed
be동사 + p.p = 수동태

이게 그 유명한 **'be동사 + 과거분사 p.p.' 수동태** 문장이야. 주어가 어떤 행위나 동작을 당한다는 느낌이 들어있지. 원래 동사 모양으로만 쓰면 주어가 어떤 행위나 동작을 행하는 **능동태** 문장이 되고 말이야. **'be동사 + p.p.'는 수동태**다. 너무 중요한 말인데, 여기서 너무 너무 너무 중요한 얘기를 한마디 더 해야겠어. 그건 바로 **'be동사 + p.p.'는 서술어**다! 라는 얘기야. **동사가 들어있으니 당연히 서술어**지. 너무 당연한 말 아닌가? 너무 당연한데 너무 중요해. 왜냐하면 영어에서 **동사냐, 동사가 아니냐**를 구별해야 하거든. 너무 너무 너무 중요하니까 한 번 더 정리할게.

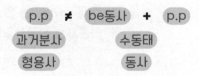

과거분사 **'p.p.'가 혼자 있으면 형용사**지만, be동사와 결합하여 **'be p.p.' 모양이면 동사**다. 꼭 기억해! (엄밀하게 따지면 be동사 다음에 **p.p.가 형용사 보어**로 들어온 꼴이지만, 그냥 **'be동사 + p.p.'를 통째로 동사**라고 봐도 무난해.)

## 【선행사】+【전치사】+【관계대명사】

선행사

**central media through which**
명사 · · · 전치사 · · · 관계대명사

> 불량교생님, **through which** 이거 몬가요?

> 이게 바로 그 유명한 **'전치사 + 관계대명사'**란 거란다.

> '관계……' 모라고요?

> **'관.계.대.명.사.'** 앞의 명사랑 관계된 대명사란 말이지.

> **which** 이거 **의문사** 아닌가용?

> 좋은 질문이야! **which**는 **의문사**가 맞지! 맞지!
> **의문사**는 **관계사**로도 쓰일 수 있단다.

영어에서 우리에게 익숙한 **의문사**들이 뭐가 있지?

　　what(무엇), which(어느, 어느 것), whom(누구를, 누구에게), whose(누구의), who(누구), when(언제), where(어디서), why(왜), how(어떻게, 얼마나)

대표적으로 이런 것들이 있지. **의문사**란 말 그대로 의문을 나타내는 말이야. 물음표를 써서 물어볼 때나 물음표를 쓰지 않더라도 **물어보는 표현**을 할 때 쓰지. 그런데 이런 의문사가 다음과 같은 모양을 하고 짠~ 하고 나타나면 이야기가 달라져.

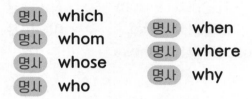

의문사로 보이는 녀석들 앞에 이렇게 짠~ 하고 **명사**가 나타나면 이 **의문사**는 의문사가 아니야. **관계사로 탈바꿈**한 거야. (what이랑 how는 앞에 명사가 오지 않아서 뺐어.) 간단히 말하면

인 꼴이지. 그리고 **관계사 앞에 오는 명사**는 앞에 왔다, **선행(先行)**했다, '**선행(先行)한 명사**'란 의미로 '**선행사(先行詞)**'라고 해. 선행사는 영어 문법에서 상식으로 알아야 할 아주 중요한 개념이야. 즉,

명사
선행사 관계사

인 꼴이지. 그런데 관계사는 다시 **관계대명사와 관계부사**로 나뉘어. 원래 의문사가 **의문대명사와 의문부사**로 나뉘는 것과 똑같아. 앞에 오는 **선행사인 명사**는 관계사의 뜻과 어울리는 낱말이 오지. (who 앞에는 **사람**인 **명사**가 온다든지, where 앞에는 **장소**인 **명사**가 온다는 식으로

말이야.) 관계사가 대명사인지, 부사인지, 명사는 어떤 명사인지 표시해서 한 번 더 써보면

| 선행사 | 관계대명사 | 선행사 | 관계부사 |
|---|---|---|---|
| **사물명사** | which | **시간명사** | when |
| **사람명사** | whom | **장소명사** | where |
| **사람명사** | who | **이유명사** | why |
| **사람명사 or 사물명사** | whose | | |

사실 whose는 '**누구의**'란 뜻이라 '대명사'라고 부르긴 뭣해. (대다수의 사전들은 대명사라고 품사를 분류하고, 형용사적 용법이라고 설명하고 있어서 그렇게 따르긴 했는데) 엄밀하게 보면 '**형용사**'라고 품사를 분류해야 맞는 것 같아. whose는 **뒤에 명사**가 와서 '누구의 명사' 식으로 그 **명사를 꾸며주는 역할**을 하니까 말이야. 관계사는 앞으로 만날 때마다 더 이야기하기로 하자.

> 그래서 **관계대명사**가 도대체 모예용?

> **관계대명사**란 말 그대로 **대명사야.**

관계'**대명사**'니까 당연히 **대명사**지. 너무 당연한 말인데 너무 중요해. 그런데 그냥 대명사가 아니라, 앞문장과 뒷문장을 **관계**시켜주는 **대명사**야. 다시 말하면, **관계대명사**는 앞문장과 뒷문장을 **이어주는 대명사**지. **문장과 문장을 연결해주는** 역할을 하는 **대명사**란 소리야. 즉, **관계대명사는 접속사** 역할을 하는 **대명사**란다.

우리 문장에서는 which가 나왔으니까 which를 중심으로 이야기를

트랜스품어

해보자. **which**는 대표적인 **관계대명사**야. 그 앞에 나오는 **명사**는 사람이 아닌, **사물**이고 말이야. 예를 들어 다음과 같은 말이 있다고 하면

= the movie

**the movie**　　**which**
명사　　　　대명사
선행사　　　관계대명사

the movie which에서 the movie가 **사물명사로 선행사**야. which는 **관계대명사**로 앞에 나온 선행사인 the movie를 가리키는 **대명사**지. 대명사란 앞에 나온 **명사**를 가리키는 말이잖아. 관계대명사도 앞에 나온 **명사**, 즉 **선행사**를 가리키는 말이지. which가 바로 the movie란 얘기야.

= the movie

**The girl likes the movie　which　is about the hero.**
앞문장　　　　　관계대명사　　　　뒷문장
접속사 + 대명사

보다 완전한 문장으로 만들어봤어. **관계대명사 which**를 기준으로 **앞에 문장** 하나, **뒤에 문장**이 또 하나 있는 거 보여? 이렇게 **관계대명사**는 문장과 문장을 연결해주는 **접속사** 노릇을 하는 거야. which가 the movie니까 which 대신 the movie를 넣어서 **문장 두 개**를 따로따로 써보면

**The girl likes the movie.**　　　그 소녀는 그 영화를 좋아한다.

**+**

**The movie is about the hero.**　　그 영화는 영웅에 관한 것이다.

이렇게 되지. 이 두 문장이 합쳐져서 원래의 문장이 나온 거야. 해석은 어떻게 해줄까?

명사　　　　　　　형용사 문장
**the movie　which is about the hero**
영웅에 관한 그 영화

해석은 **관계대명사 '문장'**인 which **'문장'**이 앞에 나온 **명사인 선행사를 꾸며주듯이** 해주면 돼. 잠깐! 명사를 꾸며준다고? 영어에서 뭐가 명사를 꾸며주지? 그렇지, **형용사지!** 또 잠깐! 지금 뭐가 명사를 꾸며주고 있지? **관계대명사 which가 이끄는 '문장'**이 명사를 꾸며주고 있지. 이 말은 **관계대명사 which** 문장이 통째로 **형용사** 노릇을 한단 소리야. **관계대명사 문장이 형용사 문장**이란 얘기지. (저번에 **문장이 하나의 품사** 노릇을 할 수 있다고 얘기했던 거 기억나? 너무 너무 너무 중요한 얘기라고 했었지?)

## The girl likes the movie which is about the hero.

그 소녀는 영웅에 관한 그 영화를 좋아한다.

그래서 저 문장이 저렇게 해석이 되는 거지.

> 꼬마예서야

> 넹?

> 지금까지 한 말을 간단하게 정리할 테니 우렁차게 따라 외쳐봐.
> **관계대명사는 대명사다! 관계대명사 문장은 형용사다!**

> **관계대명사는 대명사다! 관계대명사 문장은 형용사다!**

> 더 크게!

> **관계대명사는 대명사다! 관계대명사 문장은 형용사다!**

## 관계대명사는 대명사다! 관계대명사 문장은 형용사다!

관계대명사 자체는 대명사로 앞의 명사인 선행사를 가리키지만, 관계대명사 문장은 통째로 형용사로 앞의 명사인 선행사를 꾸며준다는 거, 잊지 마!

자, 그럼 본래의 문장으로 (드디어) 돌아와볼까? 우리의 문장은 **관계대명사 which 앞에 전치사 through**가 있어서 살짝 변형된 모양이긴 한데 기본적으로 똑같이 접근하면 돼.

사물명사　　　　　　　= central media
**central media through which**
선행사　　　　　　　대명사
　　　　　　　관계대명사

central media가 **선행사인 명사**고, **관계대명사 which**는 이 central media를 가리키는 **대명사**지.

명사　　　　　형용사 문장
**central media　through which enlightened and free subjects could be constructed**
(그 매체를 통하여) 계몽되고 자유로운 주체들이 건설될 수 있었던 중심적인 매체

그리고 전치사 through를 포함한 **관계대명사 through which 문장**이 통째로 앞의 **선행사인 명사**인 central media를 꾸며주는 **형용사 문장**이고.

원래의 문장은 그래서 이렇게 해석될 수 있고

**Diaries were central media through which enlightened and free subjects could be constructed.**

일기들은 그 매체를 통해서 계몽되고 자유로운 주체들이 건설될 수 있었던 중심적인 매체였다.

다음과 같이 두 문장이 합쳐진 문장이란 얘기지.

**Diaries were central media.** 일기들은 중심적인 매체였다.

**+**

**Enlightened and free subjects could be constructed through the central media.**

그 중심적인 매체를 통해서 계몽되고 자유로운 주체들이 건설될 수 있었다.

관계대명사의 **선행사** 개념은 너무 너무 너무 중요해서 한 번 더 말할게. **관계대명사는 바로 앞에 나온 명사를 가리키는 말**이라고. 이 문장에서 관계대명사 (through) **which**는 바로 앞에 나온 명사 (central) media를 가리키는 말이야.

**일기**(Diaries) 얘기를 하고 있지. 일기들 쓰고 있나? 일기를 쓸 때 자신의 내면을 **반성**(反省)하잖아? 자신의 내면을 **비춘다**고 볼 수 있지? enlightened에 '**light**(빛)'가 들어 있는 건 그래서야. 자신의 생각을 자유롭게 펼치니까 '**free**'한 면도 있고. '**subject**(주체)'란 말이 좀 어려울 수 있는데, 쉬운 말로 '**주인공**' 정도로 보면 된다고 했지? 일기장을 쓰는

주인공은 바로 일기를 쓰는 **자신**일 테고 말이야.

객관적(objective)인 서술을 하는 문장에서는 화자의 **주관적인** (subjective) **심경**을 따지기 어려울 때가 많아. 그러나 객관적인 서술이라고 꼭 주관적인 심경이 배제되어 있다고 볼 수는 없는 경우도 있으니까, 이건 그때그때 문장에 따라 다르게 판단할게. 이 문장에서는 딱히 심경을 이야기하긴 어려울 듯. (앞으로 딱히 설명할 심경 point가 없는 경우는 그 point는 생략할게.)

관계대명사 which를 중심으로 앞뒤 두 문장으로 나눌 때, which 앞에는 '**central**'이란 형용사가 보이고, which 뒤에는 '**subjects**'란 명사가 보이네. central은 '**중심적인**'이란 뜻이고, subjects는 '**주체**'란 뜻이니까 둘 다 **그 자체로 중요하다**는 느낌이 들지. 물론 central은 media란 사물을 꾸며주는 말이고, subjects는 사람을 가리키는 말이라 **다른 맥락** (context)이긴 하지만, 이렇게 **다른 맥락**인데도 동시에 **같은 맥락**이 되도록 글쓴이가 언어를 구사한 것으로 볼 수도 있어.

 표 **썰렁암기** 제안!

**'선'**행사 + **'전'**치사 + **'관'**계대명사

## 선 전 관

… 응?

옛날 직책에 '**선전관**'이란 게 실지로 있었다고도 해. 뭔가 선전하는 관리 같기도 하고, 선전용으로 뭔가를 전시한 집 같기도 하고, 어때, **선전관**?

…… 이게 모예요옷! 히잉~

꼬마예서, 뭘 모르는구나. 이렇게 **썰렁**하고 **엉뚱**하게 하면 오히려 **기억**에 잘 남는다구!

…… 정말 그런가용?

그럼, 그럼, 공부 쫌 한다는 학생들 다 요런 식으로 자기만의 **암기법** 갖고 있는 아이들 많을 걸?

호오~ (솔깃솔깃) 알았어용, 믿어볼게용.

## CHAPTER 5

# Using bicycles as cargo vehicles is particularly encouraged.

고3 2023학년도 11월 대학수학능력평가 홀수형 22번

화물 운송 수단으로서 자전거를 사용하는 것은 특히 장려가 되고 있다.

**단어 POINT!**

**use** [ju:z] **v.** 이용(利用)하다, 쓰다 **n.** [ju:s] 이용, 사용
**bicycle** [báisikl] **n.** 자전거
**cargo** [kάːrgou] **n.** 화물, 짐
**vehicle** [víːikl] **n.** 차량, 탈것, 매체, 수단
**particularly** [pərtíkjulərli] **ad.** 특히
**encourage** [inkə́ːridʒ] **v.** 격려하다, 장려하다, 고무하다, 조장하다

> 불량교생님, 이 **Using**이 말씀하셨던 **'현재분사'**인가용?

>> 꼬마에서, **-ing**가 **현재분사**가 될 수 있단 걸 잘 기억하고 있구나.
>> 그런데 이 **-ing**는 **현재분사**가 아니란다.
>> 그때도 잠깐 얘기했던 **'동명사'**란 것이야.

**독해 POINT!
트랜스폼어**

동명사
**Using**
사용하는 것은

동명사　　목적어
**Using bicycles**
자전거를 사용하는 것은

**Using　bicycles　as**

자전거를 사용하는 것은, **~으로서**

동명사　목적어　전치사　　명사

**Using　bicycles　as　cargo vehicles**

자전거를 사용하는 것은, **화물 운송 수단**으로서, ~이다

동명사　목적어　전치사　　명사　　be동사

**Using　bicycles　as　cargo vehicles　is**

자전거를 사용하는 것은, 화물 운송 수단으로서, **~이다**

동명사　목적어　전치사　　명사　　be동사　　부사

**Using　bicycles　as　cargo vehicles　is　particularly**

자전거를 사용하는 것은, 화물 운송 수단으로서, **특히** ~이다

동명사　목적어　전치사　　명사　　be동사　　부사　　p.p.

**Using　bicycles　as　cargo vehicles　is　particularly　encouraged.**

자전거를 사용하는 것은, 화물 운송 수단으로서, 특히 **장려가 된다.**

## '-ing + 명사' [두 가지 경우의 수 : 현재분사냐 vs. 동명사냐]

　영어에서 -ing가 쓰이면 **경우의 수는?** 두 가지야. 기억나? 하나는 현재분사 -ing고, 다른 하나는 동명사 -ing지. 현재분사는 형용사로 쓰이고 '**~하는**'으로 해석해. 동명사는, 말 그대로, **명사**고 '**~하는 것, ~하기**'로 해석하지. (영어에서 **형용사, 명사**로 쓰이는 다른 것들도 다 이와 비슷하게 **해석**해. 일종의 **원리**라고 볼 수 있지.)

문장에 나온 Using으로 생각해 보면

사용하다
**use** 동사원형 동사  →  **using** 사용하는   -ing 현재분사 형용사
　　　　　　　　　 →  **using** 사용하는 것   -ing 동명사 명사

　그러므로 문장의 첫머리인 Using bicycles는 두 가지로 해석될 가능성이 있어.

**Using bicycles**  →  사용하는 자전거   -ing 현재분사 형용사 **+** 명사
　　　　　　　　　　 →  자전거를 사용하는 것   -ing 동명사 명사 **+** 명사 목적어

　Using이 **현재분사**라면, 형용사로 뒤의 **명사**인 bicycles를 꾸며주듯이 해석해주면 돼. '사용하는 자전거'로 말이야. 그런데 (우리말로는 언뜻 자연스러워 보일 수 있지만) 이 말은 틀린 말이야. 자전거는 스스로 사용할 수는 없지. '사용되어야' 하는 물건이지. 따라서 '**사용되는 자전거**'로 쓰면 맞겠지만 이렇게 '사용하는 자전거' 식으로는 쓸 수 없어. 영어식으로 풀어 말하면 '**수동**'의 느낌이 되어야 맞는 거지. **과거분사**인 **p.p.**를 써서 Used bicycles라고 해야지 '**능동**'으로 표현할 순 없단 얘기야.
　따라서 Using은 **동명사**가 되어야 맞아. 그리고 **뒤의 명사**인 bicycles를 '**목적어**'로 해석하면 깔끔하지. '**자전거를 사용하는 것**'으로 말이야. 그리고 뒤에 **서술어**인 be동사 is가 오니까 이 **명사**인 **동명사** Using은 이 문장의 '**주어**'가 되는 거야. 그 유명한 **동명사 주어**가 여기에 나온 거지.

동명사　　　목적어
**Using  bicycles  as cargo vehicles  is  particularly encouraged.**
주어　　　　　　　　　　　　　　　　　서술어

그리고 우리가 여기서 주목할 것은 바로 be동사 'is'야.

동명사
**Using bicycles as cargo vehicles is particularly encouraged.**
단수주어  복수명사                    복수명사 단수동사

잘 봐봐. 동사 is 앞에 '-s'가 붙은 **복수명사**(bicycles 자전거들, vehicles 운송 수단들)가 두 개나 왔잖아? 이걸 보고 대충 이 두 개 중에 주어가 있겠거니 하고 be동사의 모양을 복수형인 are로 쓰면 틀린다! 이 말이야. 왜냐하면 주어는 **동명사 Using**이니까. 영어에서 **동명사는 단수** 취급하거든. (우리말로도 **'사용하는 것'**이란 말을 복수형이라고 하긴 좀 그렇잖아?) 물론 **동명사 -ing**가 하나가 아니라 여러 개가 주어로 쓰이면 그땐 복수로 취급해줘야겠지. 그러나 보통 **동명사 -ing**가 하나 나와서 **주어로 쓰이는** 경우가 훨씬 많으니까 일단 **동명사 -ing는 단수다!** 라고 기억해도 큰 무리는 없을 거야.

동사원형       p.p       be동사 + p.p
**encourage → encouraged → is + encouraged**
장려한다       장려되는       장려된다
능동태                        수동태

문장의 끝에 서술어로 수동태 be동사 + 과거분사 p.p. 꼴(is encouraged '장려가 된다')이 쓰이고 있어.

한 문장에 글의 핵심이 깔끔하게 나와 있네. **물건 나를 때 자전거를 사용**하잔 얘기지.

encouraged는 courage(용기)에 '**en-(하게 하다)**'이 붙어 '용기를 불어넣다, 격려하다, 장려하다'란 뜻이 나왔지. 내용 일치, 불일치를 따질 때 **반대말 만드는 게 대표적**이라고 얘기했었지? courage(용기)에 **부정 접두어 'dis-(=not)'**가 붙으면 discourage는 '용기를 잃게 하다, 용기를 꺾다'란 뜻이야. 이 문장을

**Using bicycles as cargo vehicles is particularly discouraged.**

식으로 쓰면 내용상 틀린 말이 되는 거지.

'물건을 나를 때 자전거를 쓰자'란 말이 나왔어. 그런데 뭔가 부족한 느낌이 들지 않아? '왜요? 자전거 말고 자동차나 기차, 비행기가 더 나을 거 같은데요?'라고 반박이 나올 수도 있지 않을까? 자전거는 뭔가 짐이 좀만 무거워도 그 짐을 나르긴 힘들 것 같기도 하고 말이야. 그러니까 **왜, 어떤 경우에 자전거를 운송 수단으로 쓰면 좋은지가 이 문장의 다**

음에 나오지 않을까? 전체 흐름에서 이 문장이 어떤 위치에 있는지 생각하는 연습, 게을리하지 말자구!

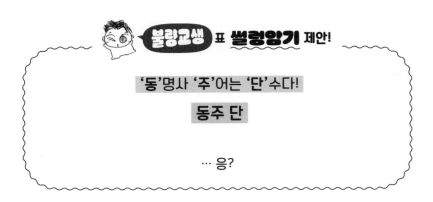

**불량교생 표 쓸렁암기 제안!**

'동'명사 '주'어는 '단'수다!

동주 단

… 응?

'별 헤는 밤', '서시' 등 훌륭한 시를 남기신 윤동주 시인이 생각나는군. 윤**동주** 시인을 사모하는 사람들의 집**단**, **동주단** 어때?

진짜 그런 모임이 있으면 꼬마예서도 동주단 가입할래용! 윤동주 시인 좋아, 좋아~

트랜스폼어

> If restaurant customers are informed of the calories in their meals, those who want to lose weight can make use of the information.

고3 2023학년도 11월 대학수학능력평가 홀수형 23번

만일 식당 손님들이 그들의 식사의 칼로리양에 대하여 정보를 제공받는다면, 살을 빼기를 원하는 사람들은 그 정보를 이용할 수 있다.

restaurant [réstərənt] **n.** 식당

customer [kʌ́stəmər] **n.** 고객, 손님, 단골

inform [infɔ́:rm] **v.** 알리다, 통보하다

information [ìnfərméiʃən] **n.** 정보

calorie [kǽləri] **n.** 칼로리, 열량

meal [mi:l] **n.** 식사, 끼니, 한끼

those [ðouz] **pron.** 저것들, 저들 **a.** 저, 저것들의

want [wɑnt, wɔ:nt] **v.** 원하다, 필요하다 **n.** 결핍, 부족

lose [lu:z] **v.** lose - lost - lost 잃다, 지다

weight [weit] **n.** 무게, 추, 역기, 중요성, 영향력

make use of ~을 이용하다

> 꼬꼬마 에서도 **다이어트**에 관심이 있니?

> 당연하죠! 모든 여자들의 관심사예용!

> 잘됐네. 그럼 **다이어트**에 관한 이 문장을 같이 볼까?

**POINT!**
독해 트랜스폼어

---

접속사
**If**
**만일**

---

접속사　　　주어
**If　restaurant customers**
만일 **식당 손님들이**

---

접속사　　　주어　　　　　　　be동사 + p.p
**If　restaurant customers　are informed**
만일 식당 손님들이 **정보를 제공받는다면**

---

접속사　　　주어　　　　　　　be동사 + p.p　　　전치사
**If　restaurant customers　are informed　of**
만일 식당 손님들이 정보를 제공받는다면, **~에 대하여**

---

접속사　　　주어　　　　　　be동사 + p.p　전치사　　　명사
**If　restaurant customers　are informed　of　the calories**
만일 식당 손님들이 정보를 제공받는다면, **칼로리양에** 대하여

---

접속사　　　주어　　　　be동사 + p.p 전치사　　명사　　전치사　　명사
**If restaurant customers are informed of the calories in their meals,**
만일 식당 손님들이 정보를 제공받는다면, **그들의 식사의** 칼로리양에 대하여,

---

주어
## those
**사람들은**

주어　관계대명사　동사
## those who want
**원하는** 사람들은

주어　관계대명사　동사　to　동사원형
## those who want to lose
**빼기를** 원하는 사람들은

주어　관계대명사　동사　to　동사원형　명사
## those who want to lose weight
**살을** 빼기를 원하는 사람들은

주어　관계대명사　동사　to 동사원형　명사　조동사
## those who want to lose weight can
살을 빼기를 원하는 사람들은 **~할 수 있다**

주어　관계대명사　동사　to 동사원형　명사　조동사　동사원형　명사　전치사
## those who want to lose weight can make use of
살을 빼기를 원하는 사람들은 **이용할** 수 있다

주어　관계대명사　동사　to 동사원형　명사　조동사　동사원형　명사　전치사
## those who want to lose weight can make use of

명사
## the information.
살을 빼기를 원하는 사람들은 **그 정보를** 이용할 수 있다.

## be동사 + 과거분사 p.p. [수동태] + 전치사

If 안의 문장을 살펴볼까? 영어의 유명한 공식이지. 'be + p.p.'
는 주어가 동작을 당할 때 쓰는 수동태 공식이야. 이 문장에서 'are
informed' 부분이지. 주어가 동작의 주체가 되는 능동태랑 비교해서 보
면 좋아.

be동사   p.p.   전치사

**Restaurant customers are informed of the calories.**

수동태 정보를 제공받는다

↓

**They inform restaurant customers of the calories.**

능동태 정보를 제공한다

**inform 누구 of 무엇**

누구에게 무엇에 대해 알려주다

> 예서야, 이 **informed**가
> 왜 **동사**가 아니고 **과거분사 p.p.**인지 알겠어?

> 아이, 깜딱(=깜짝)이야. 놀랐잖아웃! 왜 그런데요?

> 훗, 기습 질문이었지. 방심은 금물이야. 이유는 간단해.
> 바로 앞에 **are**라는 **be동사**가 **현재형**으로 이미 쓰였잖아.
> 그런데 뒤에 나온 **informed**가 동사,
> 그것도 **과거형 동사**일 리는 없지.

**064** ★

트랜스폼어

아항, 저번에 말씀하셨던 거군용! 이제 생각났어용.

영어에서 **동사**에 '-ed'가 붙으면 경우의 수는 두 가지라고 했지? 동사의 과거형으로 '~했다'로 해석하거나, **과거분사 p.p.형**으로 형용사인 '~된, ~당한'의 느낌으로 해석하거나.

서술어  **inform**  동사원형 동사  정보를 제공한다

서술어  →  **informed**  과거형 동사  정보를 제공했다

수식어 or 보어  →  **informed**  과거분사형 = p.p 형용사  정보를 제공받는

서술어  →  **are informed**  be동사 + p.p = 수동태  정보를 제공받는다

그리고 이 **p.p**가 **be동사**랑 결합하면 수동태가 되어 '~되다, ~당하다'란 서술어 노릇을 하지. 다시 동사가 된단 소리야. 동사가 과거형, 과거분사형, 수동태형으로 변신하는 과정을 명심하길 바람.

어법 POINT! 트랜스폼어

### want to 동사원형 【명사 to 부정사】【~하는 것, ~하기】

'want to lose'란 표현이 보이지? to 다음에 동사원형인 lose가 왔네. 이렇게 'to 동사원형' 모양을 한 것을 우리는 'to 부정사'라고 불러. 영어 문법의 주인공들 중의 하나라고 봐도 돼. **to 부정사**는 **명사**로도 쓰이고 **형용사**나 **부사**로도 쓰여. 게다가 부사인 to 부정사는 또 용법이 다양하지. 여기서는 일단 **명사 to 부정사**에 대해서만 간단히 볼게.

to 부정사

# She wants **to see** me.

이런 문장이 있다고 하면 해석을 어떻게 해주면 될까? She 그녀는, wants 원한다, me 나를 뭐하기를? 그렇지, to see 만나기를 원한다, 만나는 것을 원한다 식으로 해석해주면 되겠지? **명사인 동명사 -ing가 '~하는 것'으로 해석되는 것처럼 명사인 to 부정사도 '~하는 것, ~하기'로** 해석해주면 돼.

see (동사원형) (동사)  본다
→ **to see** (to 부정사) (명사)  보는 것, 보기

'want to lose'도 마찬가지야.

lose (동사원형) (동사)  (살을) 빼다
→ **to lose** (to 부정사) (명사)  (살을) 빼는 것, (살을) 빼기

원한다  (to 부정사) (명사)
**want  to lose** (살을) 빼는 것을
(서술어)     (목적어)

영어에서 **명사는 주어, 목적어, 보어로 쓰이는데** 여기서 to lose는 명사로 서술어인 동사 want의 목적어로 쓰이고 있지.

## 사람명사 [선행사] + 관계대명사 who [주어] + 동사 [서술어]

관계대명사 which에 이어 두 번째 **관계대명사 who**가 나왔네. **관계 대명사 which**는 사물명사를 선행사로 하지만, **관계대명사 who**는 사람 명사를 선행사로 받아.

선행사 관계대명사    관계대명사 = 바로 앞의 선행사

**사물명사**   **which**   which = 바로 앞의 사물명사

**사람명사**   **who**   who = 바로 앞의 사람명사

Those who에서 **선행사**인 Those가 -those는 대명사 that의 복수형 이지만 여기서는- '**사람들**'이란 뜻이니 **사람명사**가 맞지? 그리고 이 **관 계대명사**는 대명사로 바로 앞의 명사인 **선행사를 가리키는 말**이고 말 이야. 즉,

선행사 **=** 관계대명사

인 관계지. Those = who란 소리야. 그리고 '**관계**'대명사의 '**관계**'는 문장과 문장의 '**관계**'라고 해서, **접속사 기능을 뜻한다**고 했지. 이 말은 **관계대명사가 있다면 문장이 두 개가 있다**는 소리야. 자, 그럼 원래의 문장에서 **문장 두 개를 뽑아 다시 써볼까?**

**Those who** (want to lose weight) can make use of the information.

=

**They** (want to lose weight).    그들은 살을 빼기를 원한다

+

**They** can make use of the information.    그들은 그 정보를 이용할 수 있다

**문장이 두 개**인 거 보이지? 그리고 **관계대명사 문장은 통째로 형 용사 문장**이라고 했지. **관계대명사 who**가 이끄는 문장(who want to lose weight)이 앞의 명사인 **선행사 Those를 꾸며주듯이** 해석해주면 되는 거야.

명사　　　　　형용사문장

**Those who want to lose weight** can make use of the information.

살을 빼기를 원하는

잘 따라오고 있나? 그럼 마지막으로 **관계대명사 문장 안의 구조**를 파악하고 마무리하자.

관계대명사

## those who want

주어　　　서술어

who 다음에 **동사 want**가 나왔지? 동사는 **서술어**고, 그렇다면 서술어 앞에 있는 who는 뭐다? who는 **주어**란 얘기야. **관계대명사 who**가 이렇게 **주어**로 쓰이면서 **뒤에 서술어 동사**를 데리고 온다는 것, 꼭 기억해!

다이어트 하느라 음식 칼로리에 관심이 많은 사람들에게 어느 식당이 칼로리 정보를 잘 알려준다면, 그 사람들은 그 식당에 좋은 점수를 줄 것 같아. **호감(favor)**을 느낄 수 있지.

**주제 파악의 기본**은 '**반복되는(repeated) 말**'을 찾는 거야. 글쓴이가 하고자 하는 말이 **주제**니까 글에서 해야할 말을 **반복**해서 쓰는 경향이 있거든. 위 문장에서는 어떤 말이 **반복**되고 있지? informed, information 모두 inform이 보이잖아? **정보 제공**이 아마 주제가 되지 않을까 생각해볼 수 있어.

저 문장에서 'the information'의 내용이 뭘까? 앞에 나온 'the calories in their meals'겠지.

restaurant는 뭐하는 곳이지? 음식을 파는 곳이지. customers는 뭐하는 사람이지? 물건을, 여기서는 음식을 사는 사람이지. 팔고 산다, 사고 판다…… 이 문장은 뭔가 **'거래(trade)'**와 관련된 맥락일 수 있어.

**'관'계'대'명사 who['후']는 '주어'다**

### 관대 후 주어

**관대한 사람이 후후 웃으며 물건을 남에게 주어(=줌)**

…응?

# It is natural to assume that anyone who sees an object sees everything about it.

고3 2023학년도 11월 대학수학능력평가 홀수형 24번

물체를 보는 사람은 누구든 그것에 관하여 전부를 본다고 가정하는 것은 자연스럽다.

> **natural** [nǽtʃərəl] **a.** 자연의, 타고난, 당연한
> **assume** [əsúːm] **v.** 추정하다, 가정하다, 가장하다, 떠맡다
> **object** [ɔ́bdʒikt] **n.** 물건, 대상, 목적, 목적어 **v.**
> [əbdʒékt] (to -ing) 반대하다

| 가파주어 | 동사 | 형용사 |
|---|---|---|
| **It** | **is** | **natural** |

**자연스럽다**

| 가파주어 | 동사 | 형용사 | to | 동사원형 |
|---|---|---|---|---|
| **It** | **is** | **natural** | **to** | **assume** |

자연스럽다, **가정하는 것은**

| 가파주어 | 동사 | 형용사 | to | 동사원형 | 접속사 |
|---|---|---|---|---|---|
| **It** | **is** | **natural** | **to** | **assume** | **that** |

자연스럽다, **~라는 것을** 가정하는 것은

가파주어 동사　형용사　to　동사원형　접속사　주어

**It** **is** **natural** **to** **assume** **that** **anyone**

자연스럽다, **누구든** ~라는 것을 가정하는 것은

가파주어 동사　형용사　to　동사원형　접속사　주어　관계대명사　서술어

**It** **is** **natural** **to** **assume** **that** **anyone** **who** **sees**

자연스럽다, 누구든 **보는 사람은,** ~라는 것을 가정하는 것은

가파주어 동사　형용사　to　동사원형　접속사　주어　관계대명사　서술어

**It** **is** **natural** **to** **assume** **that** **anyone** **who** **sees**

목적어

**an object**

자연스럽다, 누구든 **물체를** 보는 사람은, ~라는 것을 가정하는 것은

가파주어 동사　형용사　to　동사원형　접속사　주어　관계대명사　서술어

**It** **is** **natural** **to** **assume** **that** **anyone** **who** **sees**

목적어　서술어

**an object** **sees**

자연스럽다, 누구든 물체를 보는 사람은, **~를 본다**는 것을 가정하는 것은

가파주어 동사　형용사　to　동사원형　접속사　주어　관계대명사　서술어

**It** **is** **natural** **to** **assume** **that** **anyone** **who** **sees**

목적어　서술어　목적어

**an object** **sees** **everything**

자연스럽다, 누구든 물체를 보는 사람은, **전부를** 본다는 것을 가정하는 것은  자연스럽다,

가파주어 동사　형용사　to　동사원형　접속사　주어　관계대명사　서술어

**It** **is** **natural** **to** **assume** **that** **anyone** **who** **sees**

목적어　서술어　목적어　전치사　명사

**an object** **sees** **everything** **about** **it.**

자연스럽다, 누구든 물체를 보는 사람은, **그것에 관하여** 전부를 본다는 것을 가정하는 것은

## 【가짜 주어】 it + 【진짜 주어】 to 동사원형 【명사 to 부정사】

> 꼬마에서야, 보여? 보여?

> 모가용? 모 말씀하시는 거예용?

> 저 문장에서 'It'이랑 'to'가 보여?

> 당연히 보이죵. 그게 무어 어쨌다고용?

> 저게 바로 그 유명한 **가짜 주어, 진짜 주어** 구문이란다.

문장이 'It'으로 시작하는데 이 'It'이란 주어는 가짜야. **가짜 주어**라고. **가짜 주어**란 말은, 주어는 주어인데 해석이 되지 않는 주어란 뜻이야. 진짜로 해석이 되는 주어는 뒤에 있단 얘기지. 그 **진짜 주어**가 'to + 동사원형', 'to 부정사'란다.

가짜주어        진짜주어

**It** is natural **to assume** ~

= **To assume** ~ is natural

'가정하는 것은' 자연스럽다

to 부정사는 **명사**로도 쓰이고, **형용사**로도 쓰이고, **부사**로도 쓰이는데, 여기서는 **명사**로서 문장의 '**진짜 주어**'로 쓰여. **명사 to 부정사**는 어떻게 해석해준다고 했지? '~하기, ~하는 것'으로 해석한다고 그랬지? 주어니까 여기다가 '~은, ~는, ~이, ~가'를 붙여서 해석하면 돼.

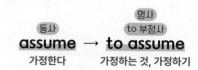

주의할 점은 to 부정사 to assume이 뒤에 길~게 뭔가(that anyone who sees an object sees everything about it)를 데리고 온다는 거야. 해석해보면 문장 끝의 it까지 주어가 됨을 알 수 있지.

가짜주어    진짜주어

**It is natural to assume that anyone who sees an object sees everything about it.**

물체를 보는 사람은 누구든 그것에 관하여 전부를 본다고 가정하는 것은

## 관계대명사 who [주어]

관계대명사 who가 또 나왔네. 반갑지? 사람명사가 선행사다! 관계'대명사'는 이 선행사를 가리키는 대명사다! 관계대명사 who는 주어로 뒤에 서술어인 동사가 온다! 기억나? 문장과 문장을 이어주는 접속사 역할을 해서 문장이 두 개다! 관계대명사 '문장'은 '형용사' 문장이다! 오케이?

아, 오케이! 꼬마예서가 알기 쉽게 다시 하나씩 짚어보자.

<br>

사람명사    = Anyone
# Anyone who
선행사 = 관계대명사

Anyone은 '누구라도'이란 뜻이니까 뜻이 **사람**인 **명사**지. **관계대명사** who 앞에 온 **명사**니까 **선행사**라고 부르고, **관계대명사** who가 대명사 로서 **가리키는** 말이 이 Anyone이지.

<br>

관계대명사
# Anyone who sees
주어    서술어

**관계대명사** who는 who가 이끄는 문장에서 '**주어**' 노릇을 하지. who 다음에 **동사**인 sees가 보이지? 앞에 who가 **주어**니까 그 다음에 **서술어** 로 온 거지.

> **Anyone who** (sees an object) sees everything about it.

**=**

**Anyone who** (sees an object).  누구든 물체를 본다.

**+**

**Anyone** sees everything about it.  누구든 그것에 관하여 전부를 본다.

**관계대명사** who가 가리키는 명사 Anyone을 **주어**로 써서 who가 이 끄는 문장이 하나, 나머지 문장이 하나, 이렇게 **문장이 두 개**가 되는 거 지. **관계대명사** who가 **접속사**로 두 문장을 이어주고 있는 거고.

명사       형용사 문장

**Anyone  who sees an object  sees everything about it.**
       물체를 보는

마지막으로 **관계대명사 who 문장**이 형용사 문장으로, 앞의 명사인 선행사 Anyone을 꾸며주는 걸 확인하기 바람.

### 접속사 that + 주어 + 서술어 [명사 문장, ~는 것]

자, 우리 원래의 문장을 한눈에 쓱 봐 보자.

주어 서술어                  주어                서술어

**It  is  natural to assume  that  anyone who sees an object  sees
everything about it.**

보여? 보여? that을 사이에 두고 **앞에도 문장**이 있고 **뒤에도 문장**이 있는 거 보여? (영어에서 문장이란 주어와 서술어로 이루어진 글을 의미하는데, **주어가 생략되는 경우도 있어서 서술어 동사가 하나 보이면 문장이 하나구나** 라고 생각하면 돼.) 즉, **that이 문장과 문장을 이어주고 있다는 거야.** 문장과 문장을 **이어주는 역할**을 하는 건? 그래, 바로 '**접속사**'지. that은 영어 문법에서 어마어마하게 다양하게 쓰이고 아주 중요한 역할을 많이 하는데, 그중 하나가 **접속사 that**이야. that이 여기서는 **대명사가 아니라 접속사**로 쓰인다는 걸 꼭 챙기기 바람.

접속사　　주어　　　　　　　　　　　　　서술어
**assume that (anyone** who sees an object **sees** everything about it)


접속사 that 다음에 주어와 서술어로 이루어진 문장이 온다. 그리고 해석은, assume이 '가정하다'란 뜻이니까 뒤에 that 문장'을' 가정한단 얘기지. '~을'로 해석된다는 건 '목적어'란 소리야. 영어에서 뭐가 목적어가 되지? 그렇지, 바로 '명사'가 목적어가 되지, 즉, that 문장이 통째로 명사 역할을 하는, 명사 문장이란 얘기야.


동사　　　　　　　　　　　　　　　명사 문장
**assume that anyone who sees an object sees everything about it**
서술어　　　　　　　　　　　　　　　목적어
가정한다　　　　물체를 보는 사람은 누구든 그것에 관하여 전부를 본다**는 것을**


접속사 that 다음에 주어와 서술어가 오고, 이 'that + 주어 + 서술어'가 통째로 명사 문장이니까 해석은 보통 '…가 …하다는 것'으로 해줘. (영어에서 명사 노릇을 하는 것들은 다 '~하는 것'으로 해석되는 경향이 있지.)


**assume that** N(주어) V(서술어)
가정한다　　 N이 V하다는 것을


꼬마에서야, 중요하니까 또 따라 외워보자.
**접속사 that은 명사 문장을 이끈다!**


**접속사 that은 명사 문장을 이끈다!**

목소리가 크고 종군. **접속사 that 문장은 명사 문장이다!**

## 접속사 that 문장은 명사 문장이다!

어마어마하게 많이 나오는 거니까 꼭 챙기길 바람.

반복되는 낱말이 있으면, **주제랑 관련될 수 있단** 얘길 했었지? 이 문장에서 동사 'sees'가 두 번이나 나왔어. 그렇다면? 이 글은 **시력 (vision)** 과 관계된 글일 수 있지.

이 문장은 공교롭게 'it'으로 시작해서 'it'으로 끝났네. 그런데 'it'이 가리키는 대상이 각각 달라. 어떻게? 앞의 'it'은 **가짜 주어**로서 **진짜 주어**인 'to assume that anyone who sees an object sees everything about it'을 통째로 가리키지. **뒤의 'it'**은 달랑 'an object'만을 가리킬 뿐이야.

'natural'이란 낱말에 주목해 보자. '**자연스러운, 당연한**'이란 느낌인데, 정말 당연해서 의심할 필요가 없다, 맞다!란 뜻일 때가 많지만, (이건 꼭 영어 문장에만 한정된 얘기는 아니고 모든 논리적인 글들에서 상당

히 많이 보이는 얘긴데) '당연한' 사실로 받아들여지는 사실에 대해 '과연 그럴까?'라고 의문을 제기하는 글들이 꽤 많아. **당연한 사실, 이른바 사회 통념을 비판적인 안목으로 바라보고 문제 제기**를 하는 거지. 사람들이 다들 그렇게 생각하고 그렇게 행동하더라, 그런데 과연 그게 **타당한가? 당연한 건가?** 그렇게 말고 이렇게, 아니면 저렇게 생각하고 행동해야 하지 않겠는가? 이런 식으로 따지고 들어가는 거지. 요컨대 **당연한 게 당연한 게 아닐 수도 있다!**는 생각으로 앞으로 글을 읽으면 **문맥을 파악**하는데 크게 도움이 될 거야.

'**접속**'사 that ['**댓**']

**접속 댓**

인터넷에 **접속**해서 **댓**글 단다

…응?

In the 18-34 year-olds group, the percentage of those who preferred Big/Small City was higher than that of those who preferred Suburb of Big/Small City.

고3 2023학년도 11월 대학수학능력평가 홀수형 25번

18-34세 집단에서는, 대/소도시를 선호하는 사람들의 비율이 대/소도시의 주변 지역을 선호하는 사람들의 비율보다 더 높았다.

**percentage** [pərséntidʒ] **n.** 백분율, 비율, 퍼센트
**prefer** [prifə́:r] **v.** 더 좋아하다, 선호하다
**than** [ðən, ðǽn] **conj, prep.** ...보다 (비교)
**suburb** [sʌ́bə:rb] **n.** 교외, 도시의 주변 지역

꼬마예서, 도시가 **더 좋아**, 아니면 농촌이 **더 좋아**?

저야 당연히 도시가 더 좋죠! 전 '차.도.녀.'라고용,
'차가운 도시 여자'용!

그렇군. 젊은 사람들은 보통 도시를 더 좋아할 거 같아.
이 문장도 그래. 같이 보자.

전치사
**In**

~에서는

전치사　　　　　　명사
**In**　the 18-34 year-olds group,

**18-34세 집단**에서는,

전치사　　　　　　명사　　　　　　　　　명사
**In**　the 18-34 year-olds group,　the percentage

18-34세 집단에서는, **비율이**

전치사　　　　　　명사　　　　　　　명사　　　전치사 대명사
**In**　the 18-34 year-olds group,　the percentage　of　those

18-34세 집단에서는, **사람들의** 비율이

전치사　　　　　　명사　　　　　　명사　　　전치사 대명사 관계대명사
**In**　the 18-34 year-olds group,　the percentage　of　those　who

서술어
**preferred**

18-34세 집단에서는, **선호하는** 사람들의 비율이

전치사　　　　　　명사　　　　　　명사　　　전치사 대명사 관계대명사
**In**　the 18-34 year-olds group,　the percentage　of　those　who

서술어　　　　목적어
**preferred**　Big/Small City

18-34세 집단에서는, **대/소도시를** 선호하는 사람들의 비율이

전치사　　　　　　명사　　　　　　명사　　　전치사 대명사 관계대명사
**In**　the 18-34 year-olds group,　the percentage　of　those　who

서술어　　　　목적어　　　be 동사　비교급
**preferred**　Big/Small City　was　higher

18-34세 집단에서는, 대/소도시를 선호하는 사람들의 비율이 **더 높았다**

전치사 명사 명사 전치사 대명사 관계대명사
**In the 18-34 year-olds group, the percentage of those who**

서술어 목적어 be 동사 비교급 than
**preferred Big/Small City was higher than**

18-34세 집단에서는, 대/소도시를 선호하는 사람들의 비율이 **~보다** 더 높았다

전치사 명사 명사 전치사 대명사 관계대명사
**In the 18-34 year-olds group, the percentage of those who**

서술어 목적어 be 동사 비교급 than 대명사
**preferred Big/Small City was higher than that**

18-34세 집단에서는, 대/소도시를 선호하는 사람들의 비율이, **비율**보다 더 높았다

전치사 명사 명사 전치사 대명사 관계대명사
**In the 18-34 year-olds group, the percentage of those who**

서술어 목적어 be 동사 비교급 than 대명사 전치사 대명사
**preferred Big/Small City was higher than that of those**

18-34세 집단에서는, 대/소도시를 선호하는 사람들의 비율이, **사람들의** 비율보다 더 높았다

전치사 명사 명사 전치사 대명사 관계대명사
**In the 18-34 year-olds group, the percentage of those who**

서술어 목적어 be 동사 비교급 than 대명사 전치사 대명사
**preferred Big/Small City was higher than that of those**

관계대명사 서술어
**who preferred**

18-34세 집단에서는, 대/소도시를 선호하는 사람들의 비율이, **선호하는** 사람들의 비율보다 더 높았다

전치사 　 명사 　 명사 　 전치사 대명사 관계대명사
**In  the 18-34 year-olds group,  the percentage  of  those  who**

서술어 　 목적어 　 be 동사 비교급 than 대명사 전치사 대명사
**preferred  Big/Small City  was  higher  than  that  of  those**

관계대명사 　 서술어 　 명사
**who  preferred  Suburb**

18-34세 집단에서는, 대/소도시를 선호하는 사람들의 비율이, **주변 지역을** 선호하는 사람들의 비율보다 더 높았다

전치사 　 명사 　 명사 　 전치사 대명사 관계대명사
**In  the 18-34 year-olds group,  the percentage  of  those  who**

서술어 　 목적어 　 be 동사 비교급 than 대명사 전치사 대명사
**preferred  Big/Small City  was  higher  than  that  of  those**

관계대명사 　 서술어 　 명사 　 전치사 　 명사
**who  preferred  Suburb  of  Big/Small City.**

18-34세 집단에서는, 대/소도시를 선호하는 사람들의 비율이, **대/소도시의** 주변 지역을 선호하는 사람들의 비율보다 더 높았다.

## higher than (비교급 + than, ~보다 더 높은)

형용사, 부사의 원급
### high   높은, 높이

↓

형용사, 부사의 비교급
### higher   더 높은, 더 높이

↓

형용사, 부사의 최상급
### highest   가장 높은, 가장 높이

higher란 단어가 보이지? '높은'이란 뜻의 **형용사** high에 '-er'을 붙여서 '더 높은'이란 뜻을 만든 말이야. (high가 '높이'란 뜻으로 **부사**로도 쓰이는데 이때 '-er'을 붙인다면 '더 높이'란 뜻이 되겠지.)

이와 같이 **형용사**나 **부사**는 원래의 모양에 '-er'을 붙여서 **비교급**을 만들고, 그 뜻은 '더 ~한', '더 ~하게'로 새겨. 말 그대로 **비교하는** 표현이지. (참고로 **형용사**나 **부사**에 '-est'를 붙이면 **최상급**이 돼. '가장 ~한', '가장 ~하게'의 뜻이지.) 비교급, 최상급과 대비되는 용어로 **형용사, 부사**(high)를 원래의 형태라고 해서 '원급'이라고 부르기도 하지.

이런 **비교급** 문장에서 단골손님으로 나오는 단어가 바로 'than'이야. 뜻이 '~보다'라서 둘 사이를 비교하는 문장에 아주 잘 어울리니까.

**비교급** 문장에서 'than'이 쓰이는 건 워낙 자주 보고 많이 보고 해서 **너무 당연하고 너무 쉬워 보일 수 있어.** 그런데 막상 이 'than'을 묻는 문제가 나오면 **생각보다 아주 어려운 문제가 될 수도 있어.** 특히 문장이 길 때는 말이야. 그러니까 너무 쉽다고 가볍게 여기지 말고 기본이 중요하단 생각으로 꼭 마음에 새기도록 해.

## 어법 POINT! 트랜스폼어

### those who [주어 관계대명사] + 동사 [서술어], [~한 사람들]

those who가 또 나왔네. 반갑지?

## 관계대명사
# those **who** preferred
주어 서술어

those who가 **사람 명사인 선행사**고, who가 **관계대명사로 주어**고, 뒤에 **서술어인 동사** preferred가 왔지.

### 선행사 관계대명사
# those = who
명사 대명사

**관계대명사** who는 대명사로 앞의 **명사인 선행사** those를 가리키는 말이고. (엄밀히 따지면 those도 대명사지만, 여기선 명사로 퉁쳐도 큰 무리는 없어.) 이 말은 **관계대명사** who는 **선행사** those랑 같은 녀석이란 뜻이지.

명사 형용사 문장
### those who preferred Big/Small City
대/소도시를 선호하는

명사 형용사 문장
### those who preferred Suburb of Big/Small City
대/소도시의 주변 지역을 선호하는

마지막으로 **관계대명사** who **문장**은 **형용사 문장**으로 앞의 **명사인 선행사** those를 꾸며주듯이 해석하는 것도 꼭 챙기고.

### 대명사 that + 전치사 [비교하는 문장에서] [병렬 구조]

우리 이제 than 다음에 놓인 'that of'가 무슨 뜻인지 보자. 이건 아주 쉬워. 비교급 문장은 비교하는 말이 앞뒤에 병렬적으로 나열되어 있기 때문에 앞뒤에 비슷한 말을 찾으면 바로 나와.

**the percentage of** those who preferred Big/Small City
was **higher than**
**that of** those who preferred Suburb of Big/Small City.
= the percentage of

찾았어? 앞뒤로 'those who preferred ~ Big/Small City' 모양이 아주 비슷하니, 당연히 뒤의 'that of'는 앞의 'the percentage of'를 받는 말이지. 반복을 피하기 위해 쓴 말이고, 이건 **대명사 본래의 기능이기도** 하지.

이렇게 **비교하는 문장에서 대명사 that**이 전치사랑 함께 쓰이며 반복을 피하는 역할을 한다는 점, 아울러 **비교급 문장도 병렬 구조**라는 점, 잘 기억하기 바람.

 **가리키는 대상** POINT!

비교급 문장에서 'that + 전치사'(복수 명사를 받을 때는 'those + 전치사')가 앞의 말을 받는 대명사로 종종 쓰인다는 거 다시 한번 강조할게.

 **요약** POINT!

'In the 18-34 year-olds group'로 시작하는 걸로 봐서, 이 글은 **연령별로 어느 지역이 더 좋은지 선호도를 조사한 내용**으로 보여. 젊은 층은 아무래도 도시에서 살기를 더 원하겠지.

'than'이 쓰인 비교급 문장은 비교하는 대상이 나란히 놓이는 '병렬 구조'란 걸 꼭 챙겨! '병렬 구조'는 긴 문장 독해에서 아주 중요하다고 불량교생이 강조했지. 기억나? 나올 때마다 강조할 테니 꼭 기억해! 병렬 구조를 파악하면 긴 문장의 흐름을 파악하는 데 아주 좋다는 사실을 말이야!

대명사 that['댓'] + '전'치사, '병'렬 구조 에서

**댓전병**

댇 전 병

(Dad 아빠), 전 병(으로 마실게요)

… 응?

In 1960-1961, Luhmann had the chance to study sociology at Harvard University, where he was influenced by Talcott Parsons, one of the most famous social system theorists.

고3 2023학년도 11월 대학수학능력평가 홀수형 26번

1960-1961에 Luhmann은 하바드 대학에서 사회학을 공부할 기회를 가졌는데, 거기서 그는 Talcott Parsons이라는 가장 유명한 사회 체계 이론가들 중 한 사람에게 영향을 받았다.

단어 POINT!

chance [ʧǽns] n. 기회, 가능성, 우연
study [stʌ́di] v. 공부하다, 연구하다 n. 공부, 연구, 서재
sociology [sòusiɑ́lədʒi] n. 사회학
university [jù:nəvə́:rsəti] n. 대학
influence [ínfluəns] n. 영향 v. 영향을 끼치다
famous [féiməs] a. 유명한
social [sóuʃəl] a. 사회의, 사교의
system [sístəm] n. 시스템, 체계, 조직
theorist [θí:ərist] n. 이론가

꼬마에서, 공부를 잘 하려면 **스승을 잘 만나**야하는 건 알겠지?

맞죠, 맞죠.

그런 의미로 에서는 **복 받은 아이**지.

왜용? 왜용?

**이 불량교생님을 만났으니까!**

......

그 표정은 뭐야? 펩, 무어, 우쨌든
이 문장이 그런 내용을 담고 있으니 같이 보자구!

독해
트랜스폼어

전치사 · 수사
**In 1960-1961,**
1960—1961에,

전치사 · 수사 · 주어
**In 1960-1961, Luhmann**
1960—1961에, **Luhmann**은

전치사 · 수사 · 주어 · 서술어
**In 1960-1961, Luhmann had**
1960—1961에, Luhmann은 **가졌다**

전치사 · 수사 · 주어 · 서술어 · 목적어
**In 1960-1961, Luhmann had the chance**
1960—1961에, Luhmann은 **기회를** 가졌다

전치사 · 수사 · 주어 · 서술어 · 목적어 · to · 동사원형
**In 1960-1961, Luhmann had the chance to study**
1960—1961에, Luhmann은 **공부할** 기회를 가졌다

트랜스폼어

전치사 수사 주어 서술어 목적어 to 동사원형
# In 1960-1961, Luhmann had the chance to study

명사
# sociology

1960—1961에, Luhmann은 **사회학을** 공부할 기회를 가졌다

전치사 수사 주어 서술어 목적어 to 동사원형
# In 1960-1961, Luhmann had the chance to study

명사 전치사 명사
# sociology at Harvard University.

1960—1961에, Luhmann은 사회학을 공부할 기회를 가졌다, **하바드 대학에서**

관계부사
# , where

그리고 거기서

관계부사 주어
# , where he

그리고 거기서 **그는**

관계부사 주어 be동사
# , where he was

그리고 거기서 그는 **~이었다**

관계부사 주어 be동사 + p.p.
# , where he was influenced

그리고 거기서 그는 **영향을 받았다**

관계부사 주어 be동사 + p.p. by
# , where he was influenced by

그리고 거기서 그는 **~에게** 영향을 받았다

관계부사 주어 be동사 + p.p. by 명사
# , where he was influenced by Talcott Parsons,

그리고 거기서 그는 **Talcott Parsons**에게 영향을 받았다

| 관계부사 | 주어 | be동사 + p.p. | by | 명사 |
| , where | he | was influenced | by | Talcott Parsons, |

대명사
**one**

그리고 거기서 그는 Talcott Parsons에게 영향을 받았다, **한 사람인**


| 관계부사 | 주어 | be동사 + p.p. | by | 명사 |
| , where | he | was influenced | by | Talcott Parsons, |

대명사　전치사
**one**　**of**

그리고 거기서 그는 Talcott Parsons에게 영향을 받았다, **~ 중에서** 한 사람인


| 관계부사 | 주어 | be동사 + p.p. | by | 명사 |
| , where | he | was influenced | by | Talcott Parsons, |

대명사　전치사　　최상급 + 형용사
**one**　**of**　**the most famous**

그는 Talcott Parsons에게 영향을 받았다, **가장 유명한** ~ 중에서 한 사람인


| 관계부사 | 주어 | be동사 + p.p. | by | 명사 |
| , where | he | was influenced | by | Talcott Parsons, |

대명사　전치사　　최상급 + 형용사　　형용사　　명사　　명사
**one**　**of**　**the most famous**　social　system　theorists.

그는 Talcott Parsons에게 영향을 받았다, 가장 유명한 **사회 체계 이론가들** 중에서 한 사람인

트랜스폼어

### chance to 동사원형 [to 부정사] [~할 기회, ~할 가능성]

동사원형 동사

**study** 공부한다

↓

to 부정사 형용사

**chance + to study** 공부할

to 동사원형, 즉 to 부정사가 나왔네. 마치 형용사처럼 앞말인 chance를 꾸며주고 있어. to 부정사의 용법은 워낙 많으니까 나올 때마다 그때그때 꼭 챙겨두길 바랄게.

어법 POINT! 트랜스폼어

### be동사 + 과거분사 p.p. + by [수동태] [···에 의하여 ~되다(당하다)]

## He was influenced by Talcott Parsons.

수동태의 공식이라고 할 만한 문장이 나왔어. 바로 'be + p.p. + by'야.

동사원형      과거형      과거분사형

**influence - influenced - influenced**

영향을 준다     영향을 줬다     영향을 받은

동사          형용사

# be influenced by
~에 의해 영향받다

influenced는 p.p., 과거분사로 '영향을 받은'이란 뜻의 형용사지. 이 형용사가 be동사, was 뒤에 와서 'was influenced'는 '영향을 받았다'란 동사, 서술어가 되지. 그러한 영향을 누가 끼쳤는가를 전치사 by 뒤에 행위자를 써서 나타내주는 거야.

장소 명사 [선행사] + where [관계부사] 문장 [그 장소에서 ~]

의문부사
## where
↓
관계부사
## where

우리가 의문부사로서 '어디에'란 뜻으로 잘 알고 있는 'where'는 관계부사로도 쓰여.

관계부사 그 하바드 대학교에서
## Harvard University, where ~
장소명사 = 선행사

관계부사는 관계대명사처럼 선행사인 명사가 앞에 나오는데, 다만 where의 선행사는 장소를 나타내는 장소 명사가 와. (where의 뜻을 생각하면 너무 당연하지 않아?) 여기서는 대학교라는 장소가 나왔지.

**관계대명사**처럼 **관계부사**도 선행사인 **명사**를 관계사에 넣고 해석하는데, **부사**의 느낌을 살리면 돼. 이 문장에서는 Harvard University를 where에 넣어서 '그 **하바드 대학교에서**'라고 해석해주면 되겠지. '**~에서**'가 **부사**의 느낌이 나는 뜻풀이니까.

, **where** 그 하바드 대학교에서 　　　　관계부사
= **at　Harvard University** 　= 전치사 + 선행사
= **at　which** 　　　　　　　= 전치사 + 관계대명사

자, 그럼 잘 봐. '그 **하바드 대학교에서**'라고 **관계부사** where를 해석한다고 했지? '**~에서**'는 **전치사** at을 넣어줬다는 뜻이야. 즉, 'at Harvard University'란 말이지. 그런데 이 Harvard University는 **선행사**잖아? 선행사를 가리키는 **대명사**가 **관계대명사**였잖아? 그러니까 **선행사** 자리에 **관계대명사**를 넣어줄 수 있단 얘기야. 그런데 Harvard University는 **사람 명사**가 아니라 **사물 명사**니까 적절한 관계대명사는 which지. 즉, 'at Harvard University'를 'at which'로 바꿀 수 있단 말이야.

관계부사 **=** 전치사 **+** 관계대명사

**전치사**는 그때그때 선행사에 따라 at 말고도 다른 것들이 올 수도 있어. 어쨌든 결론은 '**관계부사**'는 '**전치사 + 관계대명사**'로 변신할 수 있다! 이렇게 **관계부사**랑 **관계대명사**를 자유자재로 넘나들면서 문장을 바꿀 수 있다면 영어 문법은 게임 끝!이지.

, **where** 그리고 거기서 　　　관계부사
= **and　there** 　　　　= 접속사 + 부사

하나만 더 해볼게. 이 문장에서는 **관계부사 where** 앞에 '**,(comma)**'가 있지. '**쉼표**'잖아? '**,**'에서 한번 쉬어주란 소리야. 쉬어주는 느낌으로 '**그리고**'란 **접속사 and**를 넣어 해석해 줘. 그 다음에 where엔 앞에 나온 장소 명사를 가리키는 느낌이 나게 '**거기서**'라고 해석해주면 돼.

관계부사 = 접속사 + 부사

마찬가지로 이렇게 **관계부사**랑 **접속사**를 자유자재로 넘나들면서 문장을 바꿀 수 있다면 영어 문법은 게임 끝!이지.

접속사
**Luhmann had the chance ~ University,  where  he was influenced by ~**
주어 서술어 = 문장 　　　　　　　　　　　　　　　　주어 서술어 = 문장
**Luhmann은 가졌다**　　　　　　　　　　　　　　　　**그는 영향받았다**

**관계부사**가 '**관계**'의 기능, 즉 '**접속사**' 역할을 하는 것도 **관계대명사**와 똑같아. where 앞뒤로 문장이 각각 하나씩 있고, 그 두 문장을 where가 이어주지.

**관계대명사**든 **관계부사**든 **선행사** 다음에 '**,(comma)**'가 쓰이고 관계사가 나오면 이른바 '**관계사의 계속적 용법**'이라고 해. 한번 쉬어주고 계속한단 소리지. 그리고 이럴 땐 **접속사**의 뜻을 넣어 해석해준다고들 하지만, 관계사 자체가 **접속사** 기능을 하기 때문에 이 말은 어찌 보면 너무 당연한 말이야.

**선행사** 다음에 '**,(comma)**' 없이 바로 관계사가 오면 이른바 '**관계사의 한정적 용법**'이라고 부르고, 뒤의 관계사 문장이 앞의 선행사를 꾸며주듯이 보통 해석해. 여기서 선행사인 명사를 꾸며주니까 이 **관계사 문**

장이 '형용사'다! '형용사 문장'이다! 란 말을 하는 거지. (우리 강조해서 외웠던 거 기억나?)

그런데 불량교생으로서 독해의 팁을 하나 주자면, 우리가 **독해를 할 때는 굳이 한정적 용법이네, 계속적 용법이네** 하고 구분할 필요는 없어. 특히 문장이 길 때 한정적 용법으로 해석하면 (시선이 뒤로 가다가 앞말 꾸며준다고 다시 앞으로 갔다가 또 더 뒤로 가서 그 다음 해석해야 해서) 번거롭거든. 그냥 앞에서부터 뒤쪽으로 쭉쭉 해석해나가면 편하니까, **관계사 문장은 그냥 다 '계속적 용법'으로 독해해도 괜찮다고** 봐. 내 생각은 그래. (아, 그렇다고 '한정적 용법'을 무시하란 얘긴 아니야. 아주 중요한 기본이니까 '한정적 용법'은 완전히 숙지가 되어 있어야하고, 그렇게 **선행사와 관계사 문장에 대한 이해가 되어 있다는 전제에서**, 앞에서부터 쭉쭉 계속적으로 해석하란 얘기야.)

## one of the 최상급 + 복수명사 [가장 ~한 … 중의 하나]

한국말을 쓰는 우리랑 영어를 쓰는 그들의 생각이 근본적으로 다르다는 걸 느낄 수 있는 대목이야. 우리말로는 '**가장 ~하다**'라고 하면, 영어로 '**최상급**' 표현인데, 딱 하나를 생각하잖아? '**가장 예쁜 소녀**'는 우리 식으로 따지면 '**딱 한 명**'이지, 여러 명일 리는 없지. 그런데 걔네들은 '**가장 예쁜 소녀들 중의 한 명**'란 표현을 써. 우리가 보기엔 특이한 생각이지.

**beautiful** 형용사 원급 예쁜
→ **more beautiful** 형용사 비교급 더 예쁜 ⎤
→ **most beautiful** 형용사 최상급 가장 예쁜 ⎦ **beautiful의 변신**

최상급     복수명사
**one of the most beautiful girls**
가장 예쁜 소녀들 중의 한 명

이 문장에서도, 그래서, 'one of the most famous social system theorists'란 표현이 쓰였어. Talcott Parsons란 사람이 가장 유명한 사회 체계 이론가인데, **'가장 유명한 사회 체계 이론가들 중의 한 사람'**이라고 표현하고 있지.

최상급            복수명사
**one of the most famous social system theorists**

주어로 쓰인 **Luhmann란 사람**에 대해 설명하는 글 같아 보여.

**Talcott Parsons, one of the most famous social system theorists**
명사 , 명사

명사 **'(comma)' 명사** 꼴이지. 기억나? 이거 **동격**이야. 저 유명한 사회 체계 이론가가 저 Talcott Parsons란 사람이라고 가리켜주고 있지.

'In 1960—1961'란 **시간**을 제시하고 Luhmann가 그때 뭐했다고 서술되어 있지. 그렇다면 이 'In 1960—1961'란 **시간대**에 그가 한 일들을 상세히 풀어서 이야기가 전개될 수도 있고, 아니면 Luhmann가 한 일들이 **시간순**으로 나열되어서, 다음에는 1961년 이후의 시간대의 이야기가 펼쳐질 수도 있을 거야.

**'관'계'부'사는 '전'치사 + '관'계'대'명사**

**'관''부' '전' '관''대'**

**'관'심 '부'탁해도 돼요, '전' '관''대'하니까요**

**관부 전 관대**

… 응?

## Therefore, we will be renovating some areas of the resort, according to the schedule below.

고3 2023학년도 11월 대학수학능력평가 홀수형 27번

그러므로 휴양지의 몇몇 지역들을 아래의 일정에 따라서 우리는 개조할 겁니다.

therefore [ðɛərfɔ̀ːr] **ad.** 그러므로
**renovate** [rénəvèit] **v.** (건물, 시설 등을) 보수하다, 수리하다, 개조하다
**area** [ɛ́əriə] **n.** 지역, 분야, 면적
**resort** [rizɔ́ːrt] **n.** 리조트, 휴양지, 의지, 수단 **v.** (to) 의지하다
**according to** ...에 따르면, ...에 따라
**schedule** [skédʒuːl] **n.** 스케줄, 일정
**below** [bilóu] **ad.** 아래에 **prep.** (...보다) 아래에

꼬마에서, 가족이랑 **레조트** 놀러가 본 적 있지?

넹, 있어용! 너무 재밌었어용!

자, 그럼 우리 **레조트**에 대한 이 문장을 같이 볼까?

그게 모예용! 힝! 힝! 힝!

부사
**Therefore,**
그러므로,

부사 　　　　　 주어
**Therefore, we**
그러므로, **우리는**

부사 　　　　　 주어 　 조동사
**Therefore, we will**
그러므로, 우리는 **~할 겁니다**

부사 　　　　　 주어 　 조동사 　 be동사 + 현재분사
**Therefore, we will be renovating**
그러므로, 우리는 **개조하는 중일 겁니다**

부사 　　　　　 주어 　 조동사 　 be동사 + 현재분사 　　　　　 명사
**Therefore, we will be renovating some areas**
그러므로, 우리는 개조하는 중일 겁니다, **몇몇 지역들을**

부사 　　　　　 주어 　 조동사 　 be동사 + 현재분사 　　　　　 명사 　　　 전치사
**Therefore, we will be renovating some areas of**
명사
**the resort**
그러므로, 우리는 개조하는 중일 겁니다, **휴양지의** 몇몇 지역들을

부사 　　　　　 주어 　 조동사 　 be동사 + 현재분사 　　　　　 명사 　　　 전치사
**Therefore, we will be renovating some areas of**
명사 　　　　 부사 + 전치사
**the resort according to**
그러므로, 우리는 개조하는 중일 겁니다, 휴양지의 몇몇 지역들을, **~에 따라서**

부사 　　　　　 주어 　 조동사 　 be동사 + 현재분사 　　　　　 명사 　　　 전치사
**Therefore, we will be renovating some areas of**
명사 　　　　 부사 + 전치사 　　　 명사
**the resort according to the schedule**
그러므로, 우리는 개조하는 중일 겁니다, 휴양지의 몇몇 지역들을, **일정에 따라서**

부사 주어 조동사 be동사 + 현재분사 명사 전치사

**Therefore, we will be renovating some areas of**

명사 부사 + 전치사 명사 부사

**the resort according to the schedule below.**

그러므로, 우리는 개조하는 중일 겁니다, 휴양지의 몇몇 지역들을, **아래의** 일정에 따라서

---

### will + be + -ing 〔현재분사〕, 〔미래진행형〕 〔~하는 중일 것이다〕

**Therefore, we will be renovating some areas**

renovate 개조하다 동사원형 동사
→ **renovating** 개조하는 -ing 현재분사 형용사
→ **be renovating** 개조하는 중이다 be동사 -ing 현재분사
→ **will be renovating** 개조하는 중일 것이다 will be동사 -ing 현재분사

조동사 'will'은 대표적으로 **미래 시제**를 표현하지. 'be동사 + -ing'는 '~하는 중이다'란 **진행형 문장**이고. (진행형 표현은 많이 친숙하지?) 이때 쓰인 '-ing'는 형용사인 **현재분사**야. 현재분사 -ing엔 '진행'의 느낌이 있단 거 꼭 챙기고. 이 둘을 합치니까 **미래진행형**으로 미래의 시점에서 어떤 일을 하는 중일 거단 느낌이 나오지.

자, 접속부사라고 흔히 불리는 'Therefore'가 나왔어. '그러므로'란 뜻이지. '그러므로'라니, **논리적 인과관계**를 따져야 할 것 같네. 앞 문장에서 어떤 **'원인'**에 해당하는 서술이 나왔어야 이렇게 뒤에서 '그러므로'라고 하고 그에 따른 **'결과'**에 해당하는 서술을 하겠지. **결과의 내용이** 휴양지 일부를 개조하는 거래. 그렇다면? **앞에 어떤 말이 왔을까?** 시설이 노후해서 못쓰게 되었다던가, 그런 문제가 아니더라도 뭔가 품질을 향상시킬 필요가 있다는 등 **원인의 내용**이 될 말들이 오지 않았겠어?

휴양지 개조에 관한 설명을 하고 있다는 건, 휴양지 고객님들에게 개조될 시설들은 앞으로 이용이 어려울 것이다라는 **공지(notice)**를 하기 위해서가 아니겠어?

휴양지 시설이 개조하느라 **공사중**일 때, 사람들의 심정은 어떨까? 휴양지의 그 시설을 이용하고 싶었던 **고객이라면**, 아쉬운 마음이 들 수도 있지. 뭔가 **감정적(emotional)**인 심경이랄까? 그러나 휴양지를 관장하는 **운영자 입장이라면**, 비용을 투자하는 등 비즈니스적인 마인드로 접근해서 보다 **이성적(rational)**인 심경일 수도 있을 것 같아.

'according to ~'는 '~에 따라서'란 뜻이지. 뒤에 'the schedule below'라고 나와서 그 뒤에 일정이 소개될 거라고 알려주고 있지. 그래서 마치 'according to ~'가 **부호**로 따지면 '→', **화살표** 같지 않아? 아, 'below(아래에)'라고 했으니까 정확히 따지면 그 화살표는 '↓'겠네. 이렇게 문장을, 글이 아닌 기호나 부호, 이미지로 새기는 것도 꽤 괜찮으니까 글 읽을 때 시도하고 도전해보기 바람.

~에 따라서                          아래에

**according to  the schedule  below**

↓

**일정(the schedule)**

 표 썰렁암기 제안!

현재분사 -ing ['아이''엔지']엔 '진행'의 느낌

'아이' '엔지' '진행'

'아이' 참, '엔지(N.G.)' 내면 '진행'이 끊겨!

아이.엔.지. 진행

… 응?

## CHAPTER 11

## Participants should use the theme of "Recycling for the Future."

고3 2023학년도 11월 대학수학능력평가 홀수형 28번

참가자들은 "미래를 위한 재활용"에 관한 주제를 다루어야 한다.

단어 POINT!

participant [pɑ:rtísəpənt] **n.** 참가자, 참여자
should [ʃəd, ʃud] **aux.** ...해야 한다
theme [θi:m] **n.** 주제, 테마
recycle [ri:sáikl] **v.** 재활용하다
future [fjú:ʧər] **n.** 미래, 장래성 **a.** 미래의

꼬마에서, **재활용** 잘 하고 있나?

그럼용, 분리수거도 열심히 하고 있다구용!

기특하군. 그럼 우리 **재활용**에 관한 이 문장을 같이 볼까?

에헴, 에헴, 그런 말씀 하실 줄 이제 예상하고 있었다구용!

**주어**
## Participants
참가자들은

**주어** **조동사**
## Participants  should
참가자들은 **~해야 한다**

**주어** **조동사** **동사원형**
## Participants  should  use
참가자들은 **다루어**야 한다

**주어** **조동사** **동사원형** **명사**
## Participants  should  use  the theme
참가자들은 다루어야 한다, **주제를**

**주어** **조동사** **동사원형** **명사** **전치사**
## Participants  should  use  the theme  of
참가자들은 다루어야 한다, 주제를, **~에 관한**

**주어** **조동사** **동사원형** **명사** **전치사** **동명사**
## Participants  should  use  the theme  of  "Recycling"
참가자들은 다루어야 한다, 주제를, **"재활용"**에 관한

**주어** **조동사** **동사원형** **명사** **전치사** **동명사**
## Participants  should  use  the theme  of  "Recycling
**전치사**
## for"
참가자들은 다루어야 한다, 주제를, **"~를 위한** 재활용"에 관한

**주어** **조동사** **동사원형** **명사** **전치사** **동명사**
## Participants  should  use  the theme  of  "Recycling
**전치사** **명사**
## for  the Future."
참가자들은 다루어야 한다, 주제를, **"미래를 위한** 재활용"에 관한

**트랜스폼어**

## of [전치사] + -ing [동명사]

of는 전치사지. '~의'란 뜻으로 뒤에 **명사**가 오지.

명사　　전치사　　명사

## the god  of  love

사랑의 신

**전치사** of가 love란 **명사**와 결합하여 '**사랑의**'란 뜻이 되는 거지. 그런데 봐봐. 이 **of love**란 말이 앞의 명사 the god을 꾸며주고 있어. 보여? 무슨 신이냐면 '**사랑의 신**'이란 거지.

전치사 + 명사 = 형용사

## the god  of  love

명사

이 말은 '**전치사 + 명사**'가 하나가 되어 앞의 명사를 꾸며주는 '**형용사**' 노릇을 한단 소리야. '**전치사 + 명사**'는 이렇게 **형용사**로 쓰이거나, 아니면 **부사**로 쓰이는 특징이 있어.

그럼 원래의 문장을 보자.

**recycle**　재활용하다　동사

→ **recycling**　재활용하는 것　동명사

명사　　전치사　　동명사

## the theme  of  recycling

전치사 of 다음에는 -ing가 보이지. 여기서 recycling은 **명사**로 쓰인 -ing야. -ing가 **명사**로 쓰이면 뭐라고? 그렇지, **동명사**지. '~하는 것'으로 해석한다고 그랬지. '**재활용하는 것**'으로 해석하면 돼. **전치사** 다음에 **명사**가 오니까, **명사** 역할을 하는 동명사 -ing도 **전치사 뒤**에 올 수 있는 거야.

전치사 + 동명사 = 형용사

## the theme  of  recycling
명사          재활용하는 것에 관한

마찬가지로 '**전치사 + 명사**'인 'of recycling ~'이 통째로 앞의 명사인 the theme을 꾸며주는 형용사 노릇을 하고 있지.

참가자들(Participants)에게 이래라 라고 주제를 던져주고 있지. 무슨 **경연 대회의 알림 문구** 같지 않아? '이런 주제로 참여하세요!'란 얘기겠지.

참가자들(Participants)은 무슨 **심정**으로들 대회에 참가할까? 입상하면 받는 상금을 노리는, **열망하는**(desirous) 사람들도 있을 테고, 어쩌면 재활용 문제에 대해 정말 정말 **고민하는**(concerned), 아름다운 마음씨의 소유자들일 수도 있을 테지.

트랜스폼어

of를 사이에 두고 the theme과 "Recycling for the Future"는 같은 내용이지. 동격으로 봐도 무방할 거야.

## the theme  of  "Recycling for the Future"

**the theme = "Recycling for the Future"**

경연 대회 공고문이라면 이 문장의 내용 말고 **경연 대회의 참가자들**이 알아야 할 사항들이 앞뒤로 **병렬적으로 나열**되어 있겠지.

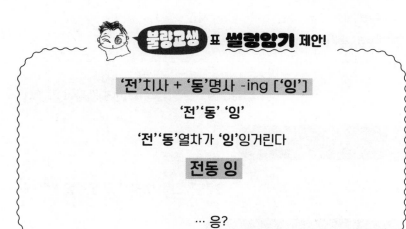

'전'치사 + '동'명사 -ing ['잉']

'전''동' '잉'

'전''동'열차가 '잉'잉거린다

**전동 잉**

… 응?

# Fashion can also strengthen agency in various ways, opening up space for action.

고3 2023학년도 11월 대학수학능력평가 홀수형 29번

패션은 또한, 행동을 위한 공간을 열면서, 다양한 방식으로 힘을 강화할 수 있다.

fashion [fǽʃən] **n.** 유행, 방식, 패션 **v.** 만들다
strengthen [stréŋθən] **v.** 강화하다, 강화되다
agency [éidʒənsi] **n.** 대리점, 대행사, 정부 기관(국, 청), 힘, 작용
various [véəriəs] **a.** 다양한
way [wei] **n.** 길, 방식, 방법
space [speis] **n.** 공간, 우주, 장소, 시간
action [ǽkʃən] **n.** 행동, 작용, 작전, 소송

꼬마에서도 당연히 **패션**에 관심이 많겠지?

그럼요, 전 패셔니스타라고용!

그렇군, 그럼 여러 가지 옷들을 입겠네?

그럼요, 운동할 땐 캐주얼 옷을 입고,
모임할 땐 정장 옷을 입죵.

그렇지, **그 활동에 맞는 옷을 입으면
행동할 때 더 힘이 나지.** 이 문장이 그런 얘기야. 같이 보자.

트랜스폼어

주어
**Fashion**
패션은

주어 　　　조동사
**Fashion　can**
패션은 ~**할 수 있다**

주어 　　　조동사 　부사
**Fashion　can　also**
패션은 **또한** ~할 수 있다

주어 　　　조동사 　부사 　　　동사원형
**Fashion　can　also　strengthen**
패션은 또한 **강화**할 수 있다

주어 　　　조동사 　부사 　　　동사원형 　　　목적어
**Fashion　can　also　strengthen　agency**
패션은 또한 **힘을** 강화할 수 있다

주어 　　　조동사 　부사 　　　동사원형 　　　목적어 　전치사
**Fashion　can　also　strengthen　agency　in**
패션은 또한 힘을 강화할 수 있다, **~으로**

주어 　조동사 부사 　　동사원형 　　목적어 　전치사 　형용사 　　명사
**Fashion　can　also　strengthen　agency　in　various　ways,**
패션은 또한 힘을 강화할 수 있다, **다양한 방식으로**

주어 　조동사 부사 　　동사원형 　　목적어 　전치사 　형용사 　　명사
**Fashion　can　also　strengthen　agency　in　various　ways,**

분사구문 　부사
**opening　up**
패션은 또한 힘을 강화할 수 있다, 다양한 방식으로 **열면서**

| 주어 | 조동사 | 부사 | 동사원형 | 목적어 | 전치사 | 형용사 | 명사 |

Fashion can also strengthen agency in various ways,

| 분사구문 | 부사 | 목적어 |

opening up space

패션은 또한 힘을 강화할 수 있다, 다양한 방식으로 **공간을** 열면서

| 주어 | 조동사 | 부사 | 동사원형 | 목적어 | 전치사 | 형용사 | 명사 |

Fashion can also strengthen agency in various ways,

| 분사구문 | 부사 | 목적어 | 전치사 |

opening up space for

패션은, 또한 힘을 강화할 수 있다, 다양한 방식으로 **~을 위한** 공간을 열면서

| 주어 | 조동사 | 부사 | 동사원형 | 목적어 | 전치사 | 형용사 | 명사 |

Fashion can also strengthen agency in various ways,

| 분사구문 | 부사 | 목적어 | 전치사 | 명사 |

opening up space for action.

패션은 또한 힘을 강화할 수 있다, 다양한 방식으로 **행동**을 위한 공간을 열면서

**주어 + 서술어, 현재분사 -ing ~**

**[동시 상황의 분사구문] [~하면서 …는 …하다]**

앞에 문장

| 주어 | | 서술어 | | .(콤마) | 분사구문 |

Fashion can also strengthen ~ **,** opening up ~

| 분사구문 | | .(콤마) | 주어 | | 서술어 |

Opening up ~ **,** fashion can also strengthen ~

뒤에 문장

분사구문 기억나? ',(comma)'랑 '-ing'가 함께 쓰일 때 '~하면서'란 동시 상황으로 해석할 수 있다고 했지. 그때는 '-ing'로 시작해서 ',(comma)'가 뒤에 오고, 그 다음에 **다른 문장**이 시작된 경우였는데, 여기서는 **앞에 문장**이 오고 그 뒤에 ',(comma)'가 붙은 다음에 '-ing'가 뒤따라오는 모양이야. ('-ing'의 위치가 앞에 오든 뒤에 오든 똑같아.) '-ing 분사구문'은 이렇게도 어마어마하게 많이 쓰이니까 익숙해지기 바람.

앞에 문장

문장 , -ing 분사구문 ~

=

-ing 분사구문 ~ , 문장

뒤에 문장

-ing가 나왔으니까 -ing의 경우의 수를 짚고 넘어가자. open에 -ing가 붙으면 **동명사**인 **명사**, **현재분사**인 **형용사**, 그리고 **분사구문**의 **부사**가 될 수 있지. (여기서 **분사구문이 부사인 이유**는 분사구문이 앞이나 뒤에 나온 **문장을 꾸며주기 때문이야.** 영어에서 **명사를** 꾸며주면 **형용사고**, 명사 말고 다른 것 꾸며주는 애들은 다 **부사**라고 생각하면 돼.)

동사 **open** 열다
↓
명사 동명사 **opening** 여는 것
형용사 현재분사 **opening** 여는
부사 분사구문 **opening** 열면서

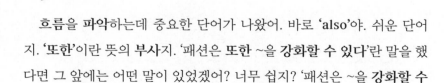

흐름POINT!

흐름을 **파악**하는데 중요한 단어가 나왔어. 바로 'also'야. 쉬운 단어지. '**또한**'이란 뜻의 부사지. '패션은 **또한** ~을 **강화할 수 있다**'란 말을 했다면 그 앞에는 어떤 말이 있었겠어? 너무 쉽지? '패션은 ~을 **강화할 수**

있다'란 의미로 패션이 뭔가 한다란 말이 나왔겠지. 이런 설명을 굳이 해야하나 싶을 정도로 너무 쉬워보이는 말이지만 영어 **문맥**에서 'also'의 느낌으로 **흐름**을 잡을 수 있는 경우가 어마어마어마어마하게 많으니까 꼭 기억하길 바람! 이런 **기본, 기초가 중요**한 거야!

'**패션(fashion)**'이겠지. 이 문장만 놓고 추론하면 '**패션의 기능(fucntion)**'을 이야기한 걸 수도 있어.

반대말 마인드를 작동시켜 볼까? 'strengthen(강화하다)'이란 낱말이 나왔으니 'weaken(약화시키다)'를 넣어 'Fashion can also weaken agency ~' 식으로 쓰면 **내용의 불일치**가 발생하겠지.

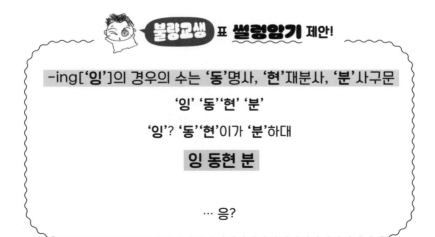

-ing['잉']의 경우의 수는 '동'명사, '현'재분사, '분'사구문

'잉' '동' '현' '분'

'잉'? '동' '현'이가 '분'하대

**잉 동현 분**

… 응?

## The hype promises that we will leave our boring lives.

**고3 2023학년도 11월 대학수학능력평가 홀수형 30번**

과장 광고는 우리가 우리의 지루한 삶을 벗어날 거라고 약속한다.

**hype** [haip] **n.** 과대광고(선전)
**promise** [prámis] **v.** 약속하다 **n.** 약속
**leave** [li:v] **v.** 떠나다, 남기다 **n.** 휴가, 허가
**boring** [bɔ́:riŋ] **a.** 지루하게 하는, 따분하게 하는

꼬마에서는 **광고** 보면 좋아?

으음, 제가 좋아하는 연예인 나오면 좋아용.

흐음, 난 광고들 다 별론데.

왜용? 왜 광고 싫어하세용?

뭔가 **상술**에 놀아나는 기분이라서 말이야.

**자본주의**잖아용. 다들 돈 벌려고 그러는 건 당연한 거 아니에용?

**독해 트랜스폼어** POINT!

주어
**The hype**
과장 광고는

주어　　　서술어
**The hype　promises**
과장 광고는 **약속한다**

주어　　　서술어　　　접속사
**The hype　promises　that**
과장 광고는 약속한다, **~이라는 것을**

주어　　　서술어　　　접속사　　주어
**The hype　promises　that　we**
과장 광고는 약속한다, **우리가** ~이라는 것을

주어　　　서술어　　　접속사　　주어　　조동사
**The hype　promises　that　we　will**
과장 광고는 약속한다, 우리가 **~할 것**이라는 것을

주어　　　서술어　　　접속사　　주어　　조동사　　동사원형
**The hype　promises　that　we　will　leave**
과장 광고는 약속한다, 우리가 **떠날** 것이라는 것을

주어　　　서술어　　　접속사　　주어　　조동사　　동사원형　　소유격
**The hype　promises　that　we　will　leave　our**
과장 광고는 약속한다, 우리가 떠날 것이라는 것을, **우리의**

주어　　　서술어　　　접속사　주어　조동사　동사원형　소유격　현재분사
**The hype　promises　that　we　will　leave　our　boring**
과장 광고는 약속한다, 우리가 떠날 것이라는 것을, 우리의 **지루한**

**트랜스폼어**

## [복수명사] lives ≠ [단수동사] lives

### our boring lives
우리들의          삶

문장 끝의 'lives'를 보자. lives의 경우의 수는 두 가지야. 동사 live의 **단수형**으로 [리브즈]라고 읽던가, **명사 life의 복수형**으로 [라이브즈]라고 읽던가 해야 돼. 뭘까? 여기선 **복수형 명사**야. 바로 앞에 we will leave에서 주어랑 동사가 이미 다 나왔기 때문이지. our(우리의)가 복수니까 우리들의 삶을 복수형으로 표시한 거지.

**3인칭 단수 주어 She** 다음에 **동사의 단수형**으로 **live**에 '**-s**'가 붙은 모양

## She lives.  그녀는 산다.

## ≠ their lives  그들의 삶

'**그들의(their)**'가 복수의 사람들이므로 **명사 life의 복수형**이 쓰인 모양

## boring【현재분사(-ing)】【능동】≠ bored【과거분사(p.p.)】【수동】

## our boring lives
지루한

boring이라니, 또 엄청 중요한 게 나왔네. 우리말로 '**지루한**'인데 이 '**지루한**'이라는 말을 엄밀히 따져보아야 해.

> **bore** 〔동사원형〕〔동사〕 **(남을) 지루하게 하다, 싫증나게 하다**
> → **boring** 〔-ing〕〔현재분사〕〔형용사〕 **(남을) 지루하게 하는, 싫증나게 하는**

boring은 동사 bore에서 왔어. bore의 동사 뜻은 '**지루하게 하다**'야. (참고로 bore는 동사 bear의 과거형이랑 모양이 같으니까 주의하기 바람.) '**지루하게 하다**'란 동사 bore가 **형용사** 모양이 된 말이니까 boring의 '**지루한**'이라는 말은 엄밀히 말해서 '**지루하게 하는**'이란 뜻이지. 누구를? '**남을 지루하게 하는**' 거지. (영어 동사는 '**~하게 하다**'란 뜻의 단어들이 참 많아. 지금 하는 얘기들은 그런 '**~하게 하다**' 동사들에 모두 **적용되는 '원리**'니까 잘 새겨들어야 해.)

## boring movie
**지루한** 영화 = **남을 지루하게 하는** 영화

흔한 말로 우리가 '**지루한** 영화(boring movie)'라고 말할 때, 이 말은 엄밀히 따지면 '**남을 지루하게 하는** 영화'란 말이라고. 해석이 너무 길고 지저분한 거 아니냐고? 아니야! 별로 길지도 않고, 오히려 깔끔한 말

이야. 영어의 '~하게 하다' 동사는 '남을 ~하게 하다' 동사이고 여기에 -ing가 붙은 형용사인 현재분사의 뜻은 '남을 ~하게 하는'이란 걸 꼭 챙기기 바람. 그리고 여기서 **주어가 동작의 주체**가 되기 때문에 '남을 ~하게 하는'은 '**능동**'의 의미라고들 해.

**bore** 동사원형 동사  (남을) 지루하게 하다, 싫증나게 하다

→ **bored** p.p. 과거분사 형용사  (자기가) 지루한, 싫증난

왜 이렇게 강조하냐면 bore의 또 다른 변형 세트인 **과거분사 bored** 때문에 그래. p.p.라고 불리는 **형용사인 과거분사 bored**도 우리말로 '**지루한**'이지. 그러나 이 '지루한'은 앞의 boring의 '지루한'과는 달라. bored의 '지루한'은 '**자기가 지루한**'이야. '자기가 지루해 하는' 거지. (여기서 '자기'는 '나(=I)'란 말이 아니고 그 문장의 주어를 가리키는 말이야.)

**I am bored** (내가) 지루한
**You are bored** (네가) 지루한
**She is bored** (그녀가) 지루한

위 문장에서 누가 **지루한(bored)** 거지? 다 '**주어**'인 I, You, She가 지루해하고 있는 거지. 그리고 이렇게 주어가 지루해하고 있지만, 이 말을 엄밀히 따지면 어떤 외부 요인에 의해 주어가 지루한 상태가 '**된**' 거야. '**~된**', '**~당한**', '**~받는**'의 느낌, 기억나? 바로 '**수동**'의 뜻이란 얘기지.

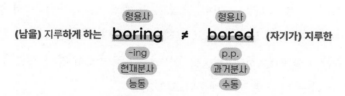

형용사                    형용사
(남을) 지루하게 하는 **boring** ≠ **bored** (자기가) 지루한
-ing                      p.p.
현재분사                  과거분사
능동                      수동

**-ing 모양을 한 현재분사는 능동이다! '-ed' 등의 모양을 한 p.p., 과거분사는 수동이다!** 꼭 꼭 꼭 기억하기 바람.

## 동사〔서술어〕+ 접속사 that 문장〔명사 문장〕〔목적어 문장〕

주어       서술어    접속사  주어      서술어
(The hype  promises) that (we  will leave  our boring lives.)
       문장                              문장

that의 중요한 용법, 바로 '**접속사**'로 쓰이는 that! 이지. 영어 문법
에서 엄청난 활약을 하고 있지. 이 문장에서도 that 앞에 'The hype
promises'라는 주어와 서술어로 이루어진 문장이 있고, that 뒤에도
'we will leave our boring lives'라는 주어와 서술어 등으로 이루어진
문장이 있지. that이 접속사로 이 두 문장을 이어주고 있는 거고.

동사              명사 문장
**The hype promises that we will leave our boring lives.**
서술어              목적어
약속한다       우리는 우리의 지루한 삶을 떠날 **것을**

## "접속사 that 문장은 명사 문장이다!"

우리가 소리쳐 외쳤던 이 말, 기억나? that 문장이 통째로 '**명사**'
문장인 거 보여? 그래서 that 문장이 통째로 전체 문장의 **서술어**인
promises의 **목적어** 노릇을 하고 있지. (약속한다, **무엇을**? '우리가 우리
의 지루한 삶을 떠날 것**이라는 것**'을!) 보여? 영어에서 **명사** 노릇을 하면
'**~하기, ~하는 것**'으로 해석해준다고 했지?

영어 문장에서 **명사**는 주어, 목적어, 보어가 될 수 있어. 여기서는 목

적어가 된 거고. **접속사 that 문장**은 어마어마하게 많이 만나는 녀석이니까 기본 개념을 잘 잡기 바람. that이 이끄는 문장을 '통째로 한눈에 파악하는 것'이 바로 너의 '독해 실력'이 될 테니까.

광고의 내용이 we will leave our boring lives라고? 일상의 탈출이네? 현실을 벗어난다? 뭔가 **가상 공간(virtual space)**과 관련된 내용일 거 같지 않아?

이 글의 내용을 떠나서, 난 개인적으로 **광고(advertisement)**를 아주 싫어하는 사람이야. 이 글을 쓴 사람도 '**과장 광고(hype)**'라고 표현함으로써 −'과장했다'는 말 자체가 뭔가 '나쁘단' 뜻이 들어 있지 않아? −그러한 광고의 내용에 대해 **불편한(uncomfortable)** 심기를 드러낸 것일 수도 있어.

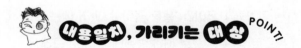

'boring lives', 지루한 일상은 뭔가 부정적인 뉘앙스니까 'leave' 같은 단어를 써서 벗어난다고 하는 게 맞겠지. 이 문장에다가 'live' 같은 단어를 넣어서 'live our boring lives', 지루한 삶을 살도록 (약속한다)고 하면 **우스꽝스럽게 내용이 맞지 않는** 말이 되어버리겠지. 너희들도 문제를 풀다보면 느끼겠지만, **내용 일치/불일치** 문제의 오답 문장들은 본문을 기준으로 봤을 때 **웃긴, 말도 안 되는 내용**들이 꽤 많아.

　'일상을 탈출하세요!'란 (흔해 빠진) 과장 광고(hype) 문구가 있대. 광고에서 소개되는 제품은, 따지고 보면 일상의 탈출에 별 도움이 되지 않는단 말일까? 아니면 현실을 도피하게 하는 그러한 제품 자체에 대해 비판하는 소리일까? 이 문장 하나만으로는 뒤에 어떤 말이 올지 감을 잡기 어려운 감이 없지 않지만, 우린 이렇게 **실마리가 별로 없는 상황**에서도 **문맥과 흐름을 잡으려는 노력을 어떻게든 해보자!** 수능 영어에서 어려운 문제들은 다 '추론력'을 물어보는 문제들이니까 이렇게 '**추론하는 연습**'을 하는 건, 당연히, 나쁘지 않지! 꽤 괜찮지!

'**현재**''**분사**'는 '**능동**'이다! vs. '**과거**''**분사**'는 '**수동**'이다!

'**현재**' '**분사**' '**능동**' '**과거**' '**분사**' '**수동**'

'**현재**'는 '**분사**'를 '**능동**'적으로 '**과거**'엔 '**분사**'를 '**수동**'적으로

'**현재**'는 물을 '**분사**'하는 기계가 자동이라 '**능동**'적이야 '**과거**'에는 물을 '**분사**'하려면 일일이 손으로 '**수동**'적으로 해야 했는데 말이야. 그래서

**현재 분사 능동 과거 분사 수동**

… 응?

Yet sports journalists do not have a standing in their profession that corresponds to the size of their readerships or of their pay packets.

고3 2023학년도 11월 대학수학능력평가 홀수형 31번

그러나 스포츠 기자들은 그들의 직업에서 그들의 독자 수의 크기 또는 그들의 봉급액의 크기에 상응하는 평판을 가지지 않는다.

yet [jet] ad. 아직 conj. 그렇지만, 그럼에도, 그러나

journalist [dʒə́:rnəlist] n. 저널리스트, 기자, 언론인

standing [stǽndiŋ] n. 지위, 평판

profession [prəféʃən] n. (지식을 기반으로 하는) 공언, 직업, 전문직

correspond [kò:rəspánd] v. (to) 해당하다, 일치하다, 상응하다,
(with) 편지를 주고받다

readership [rídərʃip] n. 독자층, 독자 수

pay packet [pei pǽkit] n. 봉급 봉투, 봉급액

꼬마에서는 **스포츠** 좋아하나?

스포츠는 모르겠고용. 전 **춤**을 좋아해용. 예서는 댄스머신이라구용!

춤, 좋지. 이 불량교생님도 **춤**을 많이 사랑하는 사람이지.

(의심과 놀람의 표정으로) 진짜로용? 정말이에용?

그러엄. 무어 우짰든 **스포츠** 관련하여
기자라는 직업에 관한 글을 같이 보자.

접속사
Yet

그러나

접속사 　　　　주어
Yet　sports journalists

그러나 **스포츠 기자들은**

접속사 　　　　주어 　　　　조동사
Yet　sports journalists　do not

그러나 스포츠 기자들은 ~ **않는다**

접속사 　　　　주어 　　　　조동사 　　동사원형
Yet　sports journalists　do not　have

그러나 스포츠 기자들은 **가지지** 않는다

접속사 　　　　주어 　　　　조동사 　　동사원형 　　　목적어
Yet　sports journalists　do not　have　a standing

그러나 스포츠 기자들은 **평판을** 가지지 않는다

접속사 　　　　주어 　　　　조동사 　　동사원형 　　　목적어 　　　전치사
Yet　sports journalists　do not　have　a standing　in

그러나 스포츠 기자들은 **~에서** 평판을 가지지 않는다

접속사 　　주어 　　　조동사 동사원형 　목적어 　전치사 　　명사
Yet sports journalists do not have a standing in their profession

그러나 스포츠 기자들은 **그들의 직업**에서 평판을 가지지 않는다

접속사　　　주어　　　　　조동사　동사원형　목적어　전치사　　　명사　　　　관계대명사

Yet sports journalists do not have a standing in their profession that

그러나 스포츠 기자들은 그들의 직업에서 평판을 가지지 않는다, **~하는**


접속사　　　주어　　　　　조동사　동사원형　목적어　전치사　　　명사　　　　관계대명사

Yet sports journalists do not have a standing in their profession that

동사

corresponds

그러나 스포츠 기자들은 그들의 직업에서 평판을 가지지 않는다, **상응**하는


접속사　　　주어　　　　　조동사　동사원형　목적어　전치사　　　명사　　　　관계대명사

Yet sports journalists do not have a standing in their profession that

동사　　　전치사

corresponds to

그러나 스포츠 기자들은 그들의 직업에서 평판을 가지지 않는다, **~에** 상응하는


접속사　　　주어　　　　　조동사　동사원형　목적어　전치사　　　명사　　　　관계대명사

Yet sports journalists do not have a standing in their profession that

동사　　　전치사　　　명사

corresponds to the size

그러나 스포츠 기자들은 그들의 직업에서 평판을 가지지 않는다, **크기**에 상응하는


접속사　　　주어　　　　　조동사　동사원형　목적어　전치사　　　명사　　　　관계대명사

Yet sports journalists do not have a standing in their profession that

동사　　　전치사　　　명사　　　전치사　　　　명사

corresponds to the size of their readerships

그러나 스포츠 기자들은 가지지 않는다, 그들의 직업에서 평판을 가지지 않는다,
**그들의 독자 수의** 크기에 상응하는


접속사　　　주어　　　　　조동사　동사원형　목적어　전치사　　　명사　　　　관계대명사

Yet sports journalists do not have a standing in their profession that

동사　　　전치사　　　명사　　　전치사　　　　명사　　　　접속사

corresponds to the size of their readerships or

그러나 스포츠 기자들은 가지지 않는다, 그들의 직업에서 평판을 가지지 않는다,
그들의 독자 수의 크기에 상응하는, **또는**

## 〔of + 명사〕or〔of + 명사〕〔전치사 + 명사〕〔병렬 구조〕

접속사

**the size** <u>of their readerships</u> **or** <u>of their pay packets</u>

전치사 + 명사　　　　　≒　　　　전치사 + 명사

비슷한 것들이 나란히 놓여 있을 때 우린 그걸 '**병렬 구조**'라고 불러.
이른바 **등위접속사**라 불리는 'and, but, or' 양옆에 비슷한 것들이 **병렬**
로 놓이지. 여기서 or란 **접속사**가 쓰였고, or 앞뒤로 '**전치사** of + their
+ **명사**'의 모양이 똑같이 **병렬적**으로 나열되어 있지.

명사　　　　　　　형용사　　　　　　　　　　형용사

**the size** <u>of their readerships</u> or <u>of their pay packets</u>

그리고 이 '**전치사 + 명사**'가 통째로 **형용사**로서 앞의 **명사**인 the
size를 꾸며주고 있지.

## [선행사] + [관계대명사 that(주어)] 문장

선행사            관계대명사

**a standing** in their profession **that** corresponds to

드디어 나왔군, **관계대명사**로 쓰이는 that!이 말이야. **대명사**로도 쓰이고 **접속사**로도 쓰이던 that이 **관계대명사**로까지 쓰인다네. 그야말로 영어 문법에서 '팔방미인'이지. 그런데 생각해보면, 어찌 보면 당연하기도 해. **관계대명사**의 '관계'는 '**접속사**'를 뜻한다고 했었지? **관계**'**대명사**'는 말 그대로 '**대명사**'고. 접속사랑 대명사로 쓰이는 that이 그 **접속사**와 **대명사**를 합친 **관계대명사**로도 쓰이는 건 그래서 당연하단 얘기지.

**관계대명사** that은 관계대명사 who, whom, which 자리에 대신 들어갈 수 있어. **관계대명사** that은 관계대명사 who, whom, which와 바꿔 쓸 수 있단 얘기야.

관계대명사    관계대명사
**who = that**
**whom = that**
**which = that**

일단 그러면 **관계대명사** who, whom, which에 대해 더 알아보자. 여기서 **관계대명사** who는 많이 봤지? **관계대명사**는 대명사고, **관계대명사** 문장은 형용사 문장이란 얘길 했었지. 이 얘기는 다른 **관계대명사** whom, which도 똑같이 얘기할 수 있어.

## 사물명사 which ≠ 사람명사 who
## 사람명사 whom

관계대명사 who, whom과 관계대명사 which의 차이는 선행사가 사람이냐 사물이냐야. 앞의 **명사**가 **사람**인 **선행사**면 관계대명사 who, whom을 쓰고, 앞의 **명사**가 **사물**인 **선행사**면 관계대명사 which를 쓰지. 자, 예를 들어 생각해보자.

사람명사
## This is the dancer.    이 사람은 춤꾼이다.

the dancer는 **사람**이지. 사람을 나타내는 **명사**야. 그런데 이렇게 이야기하다가 the dancer에 대해 좀 더 말해주고 싶어. (이 사람이 춤꾼인데, 있잖아, 있잖아, 이 춤꾼은 말이야 실은 ~ 식으로 말이야.)

주어      서술어      목적어
## The dancer loves singing.
**그 춤꾼은 노래하는 것을 좋아한다.**

알고 보니 노래하는 것을 좋아하는 춤꾼이었네. -ing가 붙은 singing은 '노래하는 것'으로 **명사**인 **동명사**야. 서술어인 동사 loves의 **목적어**지. **사람명사** the dancer가 공통분모인 이 두 문장을 관계대명사 who를 써서 합칠 수 있어.

주어    서술어    목적어
## This is the dancer who loves singing.
사람명사
선행사
**이 사람은 노래하는 것을 좋아하는 춤꾼이다.**

원래 문장에서 The dancer가 주어였듯이 합쳐진 문장에서도 **관계대명사 who는 주어**지. 이 **관계대명사 who는 대명사**로 앞의 **사람명사인 선행사 the dancer**를 가리키고 있고, **관계대명사 who loves singing** 문장 전체는 형용사 문장으로 앞의 **선행사 the dancer**를 꾸며주고 있고.

관계대명사 = 주어

## This is the dancer who loves singing.
## = This is the dancer who loves singing.

그리고 이렇게 **주어로 쓰이는 관계대명사 who는 관계대명사 that**으로 바꿔쓸 수 있단 얘기야. **선행사가 사람 명사**일 때 **관계대명사 that**을 **주어로 쓸 수 있다**는 얘기.

사람명사

## This  is  the dancer.  이 사람은 춤꾼이다.
## We  love  the dancer.  우리는 그 춤꾼을 좋아한다.
주어   서술어      목적어

이제 이 두 문장도 합쳐볼까? 앞이랑 달라진 점은 the dancer가 두 번째 문장에서 **목적어**가 됐다는 거야.

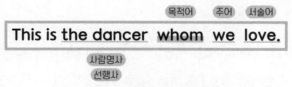

목적어   주어   서술어

## This is the dancer  whom  we  love.
사람명사
선행사

**이 사람은 우리가 좋아하는 춤꾼이다.**

이렇게 되는 거지. 원래 문장에서 the dancer가 **목적어**였듯이 합쳐진 문장에서도 **관계대명사 whom은 목적어**지. 이 **관계대명사 whom**은 대명사로 앞의 **사람명사인 선행사 the dancer**를 가리키고 있고, 관계대명사 **whom we love** 문장 전체는 형용사 문장으로 앞의 **선행사 the** dancer를 꾸며주고 있고.

관계대명사 = 목적어

**This is the dancer <u>whom</u> we love.**
**= This is the dancer <u>that</u> we love.**

그리고 이렇게 **목적어**로 쓰이는 **관계대명사 whom**은 **관계대명사 that**으로 바꿔쓸 수 있단 얘기야. **선행사**가 **사람 명사**일 때 **관계대명사 that**을 **목적어**로 쓸 수 있다는 얘기.

**This is the dancer <u>whom</u> we love.**
**= This is the dancer <u>who</u> we love.**

아, **관계대명사 whom**은 **관계대명사 who**로 바꿔쓸 수도 있어. **관계대명사 who**는 **주어**로도 **목적어**로도 다 쓸 수 있다는 얘기. 그럼 이제 **관계대명사 which** 얘기를 해볼까? **선행사**인 **명사**가 **사물**이란 점만 빼고는 다 똑같아.

사물명사

**This is <u>the book</u>.**　　이것은 책이다.
**<u>The book</u> <u>is loved</u> by everyone.**　　그 책은 모두에게 사랑받는다.
　주어　　　　서술어

**사물 명사**로 the book을 써봤어. 이 the book이 두 번째 문장에서 **주어**로 쓰였고, be p.p. by **수동태**를 살짝 넣어봤어. 이 두 문장을 합치면

주어　　　　　서술어

**This is <u>the book</u> <u>which</u> is loved by everyone.**
　　　　사물명사
　　　　선행사
　　　　이것은 모두에게 사랑받는 책이다.

이렇게 되는 거지. 원래 문장에서 The book이 주어였듯이 합쳐진 문장에서도 **관계대명사** which는 주어지. 이 **관계대명사** which는 대명사로 앞의 **사물명사**인 **선행사** the book을 가리키고 있고, **관계대명사** which is loved by everyone 문장 전체는 **형용사** 문장으로 앞의 **선행사** the book을 꾸며주고 있고.

관계대명사 = 주어

## This is the book which is loved by everyone.
## = This is the book that is loved by everyone.

그리고 이렇게 주어로 쓰이는 **관계대명사** which는 **관계대명사** that으로 바꿔쓸 수 있단 얘기야. **선행사**가 **사물 명사**일 때 **관계대명사** that을 **주어**로 쓸 수 있다는 얘기.

사물명사

## This is the book. 이것은 책이다.
## We love the book. 우리는 그 책을 사랑한다.
주어  서술어  목적어

이제 the book이 목적어로 들어간 문장과 합쳐볼까?

목적어  주어  서술어

## This is the book which we love.
사물명사
선행사
**이것은 우리가 사랑하는 책이다.**

원래 문장에서 the book이 **목적어**였듯이 합쳐진 문장에서도 **관계대명사** which는 목적어지. 이 **관계대명사** which는 대명사로 앞의 **사물명사**인 **선행사** the book을 가리키고 있고, **관계대명사** which we love 문장 전체는 **형용사** 문장으로 앞의 **선행사** the book을 꾸며주고 있고.

## This is the book **which** we love.
## = This is the book **that** we love.

목적어로 쓰이는 관계대명사 which도 관계대명사 that으로 바꿔쓸 수 있단 얘기야. 선행사가 사물 명사일 때 관계대명사 that을 목적어로 쓸 수 있다는 얘기.

사물명사
**Sports journalists do not have a standing.**
스포츠 기자들은 평판을 가지지 않는다.

주어                서술어
**The standing  corresponds  to the size.**
그 평판은 그 크기에 상응한다.

원래의 문장도 살짝 단순화해서 둘로 나누면 이런 두 문장이 합쳐진 거야. 사물 명사인 standing을 공통분모로 갖고 있지.

선행사
사물명사

**Sports journalists do not have a standing that corresponds to the size.**

주어                서술어
스포츠 기자들은 그 크기에 상응하는 평판을 가지지 않는다.

사물 명사인 standing을 선행사로 받는, 주어인 관계대명사 that이 쓰인 거야. 그 다음에 서술어 동사인 corresponds로 이어지고 있고. 관계대명사 문장인 that corresponds to the size가 통째로 앞의 선행사인 명사 standing을 꾸며주고 있어.

Sports journalists do not have a standing **that** corresponds to the size.
= Sports journalists do not have a standing **which** corresponds to the size.

그리고 이렇게 주어로 쓴 관계대명사 that은 관계대명사 which로 바꿔쓸 수 있단 얘기야. 선행사가 사물 명사이니까.

> 꼬마예서, **주어와 목적어로 쓰이는 관계대명사**, 잘 이해했나?

> 엣헴, 엣헴! 흐음, 흐음, 엣헴, 엣헴!

> 대답을 회피하다니, 이런, 이 불량교생님이 차근차근 훌륭하게 설명했으니 예서, 보고 또 보고 또또 보고 또또또 보고 하면서 **관계대명사 who, whom, which, that**을 완전히 자기 거로 만들기 바람. 오케이?

> 넹, 아직 쪼끔 알 듯 말듯 아리송한데 더 보면 확실히 제 꺼가 될 꺼 같아용!

 순서 POINT!

'접속사' 얘기를 많이 하는데 여기서 'Yet'도 그래. **접속사로 '그렇지만, 그런데도'**의 뜻이라 **'그러나'**로 봐도 무방해. '그렇지만 스포츠 기자들의 **지위는 별로다**'라고 이 문장은 이야기하고 있어. 그렇다면 앞말은 뭐가 될까? '뭔가 스포츠 기자들은 **대단하다**'는 말이 와야하지 않겠어? 이 문장에 나온 말로 **유추**하면 어마어마한 독자 수를 확보하고 있다든가, 돈을 어마어마하게 벌고 있다든가 하는 말이 왔다고도 볼 수 있겠지.

**수능 영어의 서막** ☆ **131**

주제 POINT!

이 문장에서 'sports journalists'랑 'a standing' 단어를 꼽으면 주제가
나올 것 같아. '스포츠 기자의 지위(Sports Journalists' Standning)' 정도
되려나?

관계대명사는 대명사니까 앞에 나온 **명사**, 즉 **선행사**를 가리키지.
that 앞에 어떤 명사가 있는지 볼까?

명사            명사    관계대명사
**… a standing in their profession that corresponds to the size …**

a standing in their profession이 나오네. **명사**가 a standing이랑
(their) profession, 두 개가 보이네. 이 중에 뭐가 **선행사**일까? 뭐가
**that**이 가리키는 말일까? 이건 뒷 문장을 해석해 봐야해. 뒷 문장의 뜻
이 독자 수의 크기나 급여량의 크기에 상응한다는 내용이니까 (their)
profession(직업)보다는 a standing(지위, 평판)이 **that이 가리키는 선
행사**인 것 같아. 그 정도로 대단한 크기에 상응하는 지위나 평판으로 해
석해야 더 자연스러워 보여.

　이건 너무 중요한 말이라 나올 때마다 해도 모자라는 말인데, **대명사**
가 나오면 **앞에 어떤 명사를 가리키는지** 살펴봐야 하고, **관계대명사가**
나오면 **앞에 어떤 선행사를 가리키는지** 확인해봐야 해. 여기서 **관계대**
**명사 that**은 앞에 **명사**가 두 개가 나와서 **선행사**를 찾는 게 살짝 까다로
운 문장이니까 내용을 찬찬히 음미해보길 바람.

관계대명사 that[‘댓’]은 ‘주’어나 ‘목’적어로 관계대명사 who,

whom, which를 대신한다

‘댓’ ‘주’‘목’

‘댓’글을 ‘주’‘목’해

**댓 주목**


… 응?


관계대명사 that은 주목할 만하지. who도 대신하고, whom도 대신하고,

which도 대신하니, 만능이잖아?

## People have always wanted to be around other people and to learn from them.

고3 2023학년도 11월 대학수학능력평가 홀수형 32번

사람들은 항상 다른 사람들 주위에 있으면서 그들로부터 배우기를 원해왔다.

around [əráund] **ad. prep.** ... 주위에, 대략
other [ʌðər] **a.** 다른 **n.** 다른 사람, 다른 것
learn [ləːrn] **v.** 배우다, 학습하다

꼬마에서, 드라마나 영화 좋아해?

드라마 영화, 완전 좋아 좋아! **배우**들 연기 완전 최고 최고!

그런 훌륭한 '**배우**'가 되기 위해
사람들이 열심히 연기를 '**배우**'지.

모야 모야, 그 말씀, 썰렁한데 왠지 설득력이 있네용.

자, 그런 의미로 우린 **배움**에 관한 이 문장을 같이… 응?

트랜스폼어

**People**
사람들은

**People have always**
사람들은 **항상**

**People have always wanted**
사람들은 항상 **원해왔다**

**People have always wanted to be**
사람들은 항상 원해왔다, **있기를**

**People have always wanted to be around**
사람들은 항상 원해왔다, **~ 주위에** 있기를

**People have always wanted to be around**
**other people**
사람들은 항상 원해왔다, **다른 사람들** 주위에 있기를

**People have always wanted to be around**
**other people and**
사람들은 항상 원해왔다, 다른 사람들 주위에 있기를, **그리고**

**People have always wanted to be around**
**other people and to learn**
사람들은 항상 원해왔다, 다른 사람들 주위에 있기를, 그리고 **배우기를**

주어
조동사
부사
과거분사
to 동사원형
전치사

People have always wanted to be around

형용사
명사
접속사
to 동사원형
전치사

other people and to learn from

사람들은 항상 원해왔다, 다른 사람들 주위에 있기를, 그리고 **~로부터** 배우기를

주어
조동사
부사
과거분사
to 동사원형
전치사

People have always wanted to be around

형용사
명사
접속사
to 동사원형
전치사
대명사

other people and to learn from **them.**

사람들은 항상 원해왔다, 다른 사람들 주위에 있기를, 그리고 **그들로**부터 배우기를

## have always p.p.【현재완료】【계속】

have
p.p.
People **have** always **wanted**

동사
**want**  원하다

↓

현재완료
**have (always) wanted**  (계속) 원했다

우리가 처음 만났던 문법 사항이 나왔네. **현재완료, have + 과거분사**

p.p. 모양이야. 처음 만난 용법이 뭐였지? '**계속**'이었지. 여기서도 똑같아. '**계속**' 용법이야. 왜? always라는 **부사**가 있으니까. always, '**항상, 언제나**'란 뜻이잖아? 어제도, 오늘도, 내일도 '**항상, 언제나**', 작년에도, 올해도, 내년에도 '**항상, 언제나**', 어때? '**계속**' 느낌이 팍팍 들지?

## want to 동사원형 and to 동사원형 【명사 to 부정사】【병렬 구조】

　　　　to 부정사　　　　　　　　to 부정사

wanted **to be** ⋯ and **to learn** ⋯
　　　　명사　　　　접속사　　　명사

**be** 동사원형 동사　있다　→　**to be** to 부정사 명사 　있는 것, 있기
**learn** 동사원형 동사　배우다　→　**to learn** to 부정사 명사 　배우는 것, 배우기

　'원하다'란 want 동사 뒤에 '~을'에 해당하는 목적어로 to 동사원형, 즉 to 부정사가 두 개가 있네. 'to be'와 'to learn'이 접속사 and로 연결되어 있는 거 보이지? 전형적인 **병렬 구조**야. to 동사원형이라는 비슷한 모양의 것이 나란히 서서, **목적어**라는 비슷한 역할을 하고 있지. 목적어로 쓰였다는 건 이 to 부정사가 '**명사**'란 얘기고. **명사** 뜻일 때 '**~하는 것, ~하기**'로 해석한다고 했지? 그래서 'to be'는 '**있는 것**', 'to learn'은 '**배우는 것**'으로 새길 수 있지.

이 문장을 쭉 읽고 **가장 중요한 낱말 하나**를 챙겨 봐. 뭐 같아? 글에서 가장 **핵심(core)**을 뽑아내는 것이 **요약 마인드의 핵심(core)**이지. 보여? 사람들이 함께 있길 원한다는 말도 중요한 말 같지만, 결국 중요한 말은 끝부분에 나온 'learn'이지 않겠어?

'learn'이 중요한 말이니까 아마 이 글 뒤로 **학습(learning)**에 관한 얘기가 뭔가 나올 것 같아.

문장 제일 끝에 **대명사 'them'**이 누굴 가리키지? 그렇지, 앞에 나온 **명사 'other people'**을 가리키지.

| want ['원'트] 다음의 to ['투'] 동사원형은 '명사' to 부정사다 |
|:---:|
| '원' '투' '명사' |
| '원' '투'를 날리는 그 복서는 유명한 '명사'다 |
| **원투 명사** |

… 응?

**For example, upon returning to their hive honeybees that have collected water search out a receiver bee to unload their water to within the hive.**

고3 2023학년도 11월 대학수학능력평가 홀수형 33번

예를 들어, 그들의 벌집으로 돌아오자마자 물을 수집해온 꿀벌들은 그들의 물을 벌집 내부에까지 덜어주기 위해 (그 물을) 받아줄 벌을 찾는다.

example [igzǽmpl] **n.** 예, 사례, 본보기, 모범

return [ritə́:rn] **v.** 돌아오다, 돌려주다 **n.** 돌아옴, 돌려줌, 수익

hive [haiv] **n.** 벌집, 벌떼

honeybee [hʌ́nibì:] **n.** 꿀벌

bee [bi:] **n.** 벌, 꿀벌

collect [kəlékt] **v.** 모으다, 수집하다, 모이다

search [sə:rʧ] **v.** 찾다, 수색하다, 검색하다 **n.** 수색, 검색

receiver [risí:vər] **n.** 받는 사람, 수령인, 수신기, 수화기

unload [ənlóud] **v.** (짐을) 내리다

within [wiðín, wiθín] **prep.** ... 이내에, 안쪽에, 내부에 **ad.** 내부에서

전치사 + 명사

**For example,**

예를 들어,

전치사 + 명사　　전치사　　동명사

**For example, upon returning**

예를 들어, **돌아오자마자**

전치사 + 명사　　전치사　　동명사　　전치사

**For example, upon returning to**

예를 들어, **~으로** 돌아오자마자

전치사 + 명사　　전치사　　동명사　　전치사　소유격　　명사

**For example, upon returning to their hive**

예를 들어, **그들의 벌집**으로 돌아오자마자

주어

**honeybees**

꿀벌들은

주어　　　　관계대명사

**honeybees that**

**~한** 꿀벌들은

주어　　　　관계대명사　　조동사　　　　과거분사

**honeybees that have collected**

**수집해온** 꿀벌들은

주어　　　　관계대명사　　조동사　　　　과거분사　　　　명사

**honeybees that have collected water**

**물을** 수집해온 꿀벌들은

주어　　관계대명사　조동사　　과거분사　　　명사　　　동사　　부사

**honeybees that have collected water search out**

물을 수집해온 꿀벌들은 **찾는다**

주어 관계대명사 조동사 과거분사 명사 동사 부사
**honeybees that have collected water search out a**

명사
**receiver bee**

물을 수집해온 꿀벌들은 **받아줄 벌을** 찾는다

---

주어 관계대명사 조동사 과거분사 명사 동사 부사
**honeybees that have collected water search out a**

명사 to 동사원형
**receiver bee to unload**

물을 수집해온 꿀벌들은 받아줄 벌을 찾는다, **덜어주기 위해**

---

주어 관계대명사 조동사 과거분사 명사 동사 부사
**honeybees that have collected water search out a**

명사 to 동사원형 소유격 명사
**receiver bee to unload their water**

물을 수집해온 꿀벌들은 받아줄 벌을 찾는다, **그들의 물을** 덜어주기 위해

---

주어 관계대명사 조동사 과거분사 명사 동사 부사
**honeybees that have collected water search out a**

명사 to 동사원형 소유격 명사 전치사 전치사
**receiver bee to unload their water to within**

물을 수집해온 꿀벌들은 받아줄 벌을 찾는다, 그들의 물을 **~ 내부에까지** 덜어주기 위해

---

주어 관계대명사 조동사 과거분사 명사 동사 부사
**honeybees that have collected water search out a**

명사 to 동사원형 소유격 명사 전치사 전치사 명사
**receiver bee to unload their water to within the hive.**

물을 수집해온 꿀벌들은 받아줄 벌을 찾는다, 그들의 물을 **벌집** 내부에까지 덜어주기 위해

## upon(on) -ing 〔동명사〕〔~하자마자〕

전치사　　동명사
**upon  returning**

　　전치사 upon이나 on 다음에 **동명사 -ing**가 오면 '**~하자마자**'의 뜻으로 쓰여. (영어에서 upon과 on은 거의 바꿔 쓸 수 있어. upon이 더 격식적인 표현에 쓰인다고는 해.) 'upon(on) -ing'를 직역을 하면 '**~하는 것 (바로) 위에**'란 말인데, 어떤 동작이랑 시간적으로 아주 맞닿아 있단 말이니까 '**~하자마자**'란 뜻이 나오는 거지.

## have collected 〔have p.p. 현재완료〕〔결과〕

have　　　　p.p.
**have  collected**

동사 **collect** 모으다, 수집하다
↓
현재완료 **have collected** 모았다, 수집했다

　　'have collected', 즉 have p.p.가 보이네. **현재완료**, 많이 익숙해졌나? **현재**랑 관련된 **과거** 얘기를 하고 있어. **과거**에 뭔가 '수집했다'고? 그렇다면 그 '**결과**'로 현재 수집한 결과물을 가지고 있겠지.

POINT!
트랜스폼어

## 【선행사】+【관계대명사 that(주어)】【수식어 문장】

관계대명사 = 대명사 = honeybees

honeybees **that** have collected water search out a receiver bee
선행사
명사

honeybees라는 **명사**가 나오고 that이 나왔지. 앞의 **명사** honeybees가 **선행사**고, 이 that이 **선행사**인 honeybees를 가리키는 대명사인 **관계대명사**인 거 보여?

주어　　　　　서술어　　　　목적어
**Honeybees  have collected  water.**　꿀벌들은 물을 수집했다.
**Honeybees  search out  a receiver bee.**　꿀벌들은 받아줄 벌을 찾는다.

저 한 문장에 실은 이렇게 **두 개의 문장**이 들어있는 거 보여? 관계대명사 that이 문장 두 개를 이어주는 **접속사** 역할을 하는 거 보여?

관계대명사 = 대명사
**honeybees (that have collected water) search out a receiver bee**
주어　　 주어　　　서술어　　　목적어　　서술어　　　목적어

관계대명사 that 문장이 선행사인 앞의 **명사** honeybees를 꾸며주는 **형용사 문장**으로 수식어 노릇을 하는 거 보여?

명사　　　　　 형용사 문장
**honeybees that have collected water** search out a receiver bee
　　　　수식어　　 물을 수집해온

관계대명사 자체랑 관계대명사가 이끄는 문장을 구분하는 건 모든 관계대명사에 공통인, 아주 중요한 얘기니까 잘 새겨들어야 해. **관계대명사 that** 자체는 앞의 **명사(선행사)**인 honeybees를 가리키는 대명사 지만, **관계대명사 that 문장**-that이 그 문장 안에서 **주어로** 쓰이고 있는 그 문장-이 앞의 **명사(선행사)** honeybees를 꾸며주는 **형용사로** 수식 어 노릇을 하고 있다고.

예서야.

넹? 왜용?

크게 따라해봐. **관계대명사 자체는 대명사로 앞의 명사인 선행사를 가리킨다!** **관계대명사 문장은 형용사로 앞의 명사인 선행사를 꾸며준다!**

**관계대명사 자체는 대명사로 앞의 명사인 선행사를 가리킨다!** **관계대명사 문장은 형용사로 앞의 명사인 선행사를 꾸며준다!**

이 말은 너무 중요한 말들이라, 모조리 다 외워야 해. 알았지?

힝, 예서는 암기 시로! 시로!

어쩔 수 없어. 관계대명사는 영어에서 수도 없이 나오는 거라서 말이야. **모든 관계대명사 문장을 보는 '원리'에 해** 당하는 말이라 **한번 볼 때 제대로 알고 넘어가야** 해.

트랜스폼어

여러 번 소리내서 꼭 외워! 알았지?

힝, ······넹.

목소리가 너무 작은데?

칫, ······넹!

## to 동사원형 [부사 to 부정사] [~하기 위해] cf. [형용사 to 부정사] [~할]

덜어주기 위해

찾는다        to 부정사   부사

**honeybees <u>search out</u> a receiver bee to unload**

**their water to within the hive**

to unload라는 to 동사원형, to 부정사가 보이네. 영어에서 정말 많이 쓰이는 '~하기 위해'로 해석해주면 돼. 목적의 뜻을 담고 있고, 앞에 나온 동사, search out를 꾸며주는 부사 노릇을 하고 있지.

to 부정사   형용사

**a receiver bee to unload their water**

명사        덜어줄 (벌)

그런데 이 문장은 사실 쫌 애매해. to unload를 앞의 **명사**인 a

receiver bee를 꾸며주는 **형용사**로 해석해줘도 별 탈은 없거든. to 동사원형, to 부정사가 바로 앞에 나온 **명사**를 꾸며주는 **형용사** 역할도 할 수 있고, 이때 '**~할**'로 보통 해석해.

자, 그럼 지금까지 나온 **to 부정사**의 경우의 수를 정리하고 넘어갈까? 앞에서 **명사**로 쓰인 **to 동사원형**을 봤었지? 여기서 간단히 **부사**랑 **형용사**로 쓰이는 **to 동사원형**을 봤고. 그러니까 총 세 가지 경우의 수가 나오겠네.

**unload** 동사원형 동사 (짐을) 덜다
→ **to unload** to 부정사 명사 (짐을) 더는 것, (짐을) 덜기
→ **to unload** to 부정사 부사 (짐을) 덜기 위해
→ **to unload** to 부정사 형용사 덜 (짐)

꿀벌들이 밖에서 날라온 물을 벌집 안에서 옮기는 **과정(process)**을 설명한 글로 보여.

"내 물을 받아줘!"하고 받아줄 벌을 찾는 **꿀벌의 심정**은 어떨까? '아, 밖에서도 물을 찾느라 힘들었는데, 안에서도 또 동료를 찾아야 하는구나'라고 **불평(complaining)**을 할까? 아니면 그런 수색은 자기가 당연히 해야할 일이니까 묵묵히, **덤덤하게(calmly)** 그 일을 받아들이고 있을까?

## 내용일치, 가리키는 대상 POINT!

뒷부분에 'their'는 누굴 가리킬까? 후보는 둘이지. honeybees랑 a receiver bee. 둘 중 누굴까? 쉽지? honeybees는 '-s'가 붙어서 **복수형**이고, a receiver bee는 'a'가 붙어서 **단수형**이잖아. their는 **3인칭의 복수형**이고. 따라서 honeybees를 가리키지. 해석해보면 내용상으로도 당연히 honeybees고.

## 순서 POINT!

연결해주는 말로 'For example'이 나왔어. **'예를 들면'**이란 뜻이고 순서에서 중요한 문구지. 이 문장 앞에 어떤 내용이 왔길래 이런 **예시**가 나왔을까? 사실 이 문장만으로 앞 문장이 어땠는지 파악하기는 쉽지 않아. 그렇지만 확실히 하나 챙겨야 할 게 있는데, **For example** 다음에는 **구체적(concrete)인 예시**가 나오니까, **For example** 앞에는 무언가 **일반적(general)인**, 어쩌면 **추상적(abstract)**일 수도 있는, 내용이 나온다는 거야. 그 일반적인 내용이 글의 **주제**가 될 가능성도 높고.

**For example**이 나오면 앞 문장과 뒷 문장의 관계를 생각하며 읽는 걸 명심해. **일반적으로 서술한** 앞 문장의 내용이 어떻게 **For example** 다음에 **구체적인 예**로 알기 쉽게 설명이 되는지를 눈여겨보면 될 거야. 알았지?

**'관'계대명사 '문'장은 '형용'사로 앞의 명사(=선행사)를 꾸며준다!**

**'관' '문' '형용'**

**'관' '문'이 어떻게 생겼는지 '형용'(=묘사)해봐**

<u>**관문 형용**</u>

… 응?

In the case of climate change, however, the sharp division of time into past, present, and future has been desperately misleading.

고3 2023학년도 11월 대학수학능력평가 홀수형 34번

그러나 기후 변화의 경우에는, 시간을 과거, 현재, 미래로 뚜렷이 나누는 것은 지독하게 잘못된 이해를 가져왔다.

case [keis] **n.** 경우, 사례, 사건, 주장, 격
climate [kláimit] **n.** 기후, 분위기
sharp [ʃɑːrp] **a.** 날카로운, 뾰족한, 가파른, 또렷한, 통렬한, 반음 높은
division [divíʒən] **n.** 나눗셈, 분할, 분열, 부, 국
past [pæst] **n.** 과거 **a.** 과거의, 지난 **ad. prep.** 지나서
present [préznt] **a.** (한정적) 현재의, (서술적) 출석한 **n.** 현재, 선물
　　　　　 [prizént] **v.** 주다, 발표하다
desperately [déspərətli] **ad.** 절망적으로, 필사적으로
misleading [mislídiŋ] **a.** 오해하게 하는, 호도하는

꼬마예서야, 오늘 **날씨** 참 좋지 않니?

흐응, 오늘 문장은 **날씨** 얘기겠군용?

아니, 어떻게 알았지?

엣헴, 엣헴, 이제 다 알지, 알지!

전치사 / 명사
**In the case**
경우에는

전치사 / 명사 / 전치사 / 명사
**In the case of climate change,**
**기후 변화의** 경우에는

전치사 / 명사 / 전치사 / 명사 / 부사
**In the case of climate change, however,**
기후 변화의 경우에는, **그러나,**

전치사 / 명사 / 전치사 / 명사 / 부사 / 형용사 / 명사
In the case of climate change, however, the sharp division
기후 변화의 경우에는, 그러나, **뚜렷이 나누는 것은**

전치사 / 명사 / 전치사 / 명사 / 부사 / 형용사 / 명사
In the case of climate change, however, the sharp division

전치사 / 명사
**of time**
기후 변화의 경우에는, 그러나, **시간을** 뚜렷이 나누는 것은

전치사 / 명사 / 전치사 / 명사 / 부사 / 형용사 / 명사
In the case of climate change, however, the sharp division

전치사 / 명사 / 전치사 / 명사 / 명사 / 접속사 / 명사
**of time into past, present, and future**
기후 변화의 경우에는, 그러나, 시간을 **과거, 현재, 미래로** 뚜렷이 나누는 것은

전치사 / 명사 / 전치사 / 명사 / 부사 / 형용사 / 명사
In the case of climate change, however, the sharp division

전치사 / 명사 / 전치사 / 명사 / 명사 / 접속사 / 명사 / 조동사 / 과거분사
**of time into past, present, and future has been**
기후 변화의 경우에는, 그러나, 시간을 과거, 현재, 미래로 뚜렷이 나누는 것은, **~해왔다**

전치사　명사　전치사　　명사　　　　부사　　　　형용사　　명사
In the case of climate change, however, the sharp division

전치사 명사 전치사 명사　　　명사　　접속사　명사　조동사 과거분사　　부사
of time into past, present, and future has been desperately

기후 변화의 경우에는, 그러나, 시간을 과거, 현재, 미래로 뚜렷이 나누는 것은, **지독하게** ~해왔다

전치사　명사　전치사　　명사　　　　부사　　　　형용사　　명사
In the case of climate change, however, the sharp division

전치사 명사 전치사 명사　　　명사　　접속사　명사　조동사 과거분사　　부사
of time into past, present, and future has been desperately

현재분사
misleading.

기후 변화의 경우에는, 그러나, 시간을 과거, 현재, 미래로 뚜렷이 나누는 것은, 지독하게 **잘못된 이해를 가져왔다.**

## 어법 POINT! 트랜스폼어

### misleading〔현재분사〕≠ misled〔과거분사〕≠ misled〔과거〕

the sharp division of time ~ has been desperately misleading

mislead (남을) 오해하게 하다

↓

misleading

(남을) 오해하게 하는 것 동명사　　　현재분사　(남을) 오해하게 하는

문장 끝에 misleading이란 -ing가 보이네. 이 -ing는 뭘까? **명사인**

동명사일 수도 있지만, 여기서는 앞의 be동사와 더불어 **진행형**으로 쓴 **현재분사, 형용사**라고 보는 게 나아. (**진행형**에 대해서는 뒤에서 좀 더 볼게.) **현재분사 -ing**가 나온 거지. **현재분사 -ing**는 **과거분사 p.p.**와 늘 함께 생각해야 하는데, 그 전에 **동사 mislead**가 어떻게 **과거, 과거분사**로 변신하는지 보자.

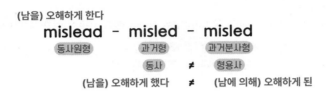

(남을) 오해하게 한다
**mislead** – **misled** – **misled**
동사원형　　　과거형　　　과거분사형
동사　　≠　　형용사
(남을) 오해하게 했다　≠　(남에 의해) 오해하게 된

　mislead는 **불규칙동사**로 과거형도 misled, 과거분사도 misled야. **불규칙동사**지만 **과거형**과 **과거분사**가 공교롭게 그 끝이 모두 '-ed'로 끝났어. (원래 **규칙동사**들이 동사의 **과거형**과 **과거분사**가 모양이 같아서 **규칙동사의 과거분사 p.p.**가 그 끝이 '-ed' 꼴일 때가 많거든.) 동사원형인 mislead는 현재형으로 '(남을) 오해하게 한다'는 뜻이고, **과거형** misled는 동사로 '(남을) 오해하게 했다'는 뜻, **과거분사** misled는 형용사로 '(남에 의해) 오해하게 된'의 뜻이지. 따라서 우리는 misled를 만나면 두 가지 경우의 수-**과거**인지 **과거분사**인지-를 따져봐야해.

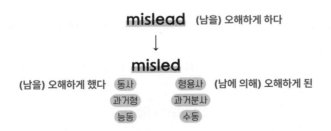

**mislead** (남을) 오해하게 하다
↓
**misled**
(남을) 오해하게 했다　동사　　　형용사　(남에 의해) 오해하게 된
　　　　　과거형　　　과거분사
　　　　　능동　　　　수동

　하나 조심할 점은 **과거형** misled는 **능동**의 뜻인데 반하여 **과거분사** misled는 **수동**의 뜻이란 거지. 자, 그럼 원래 하려던 얘기인 **현재분사**

misleading과 과거분사 p.p.인 misled를 비교해볼까?

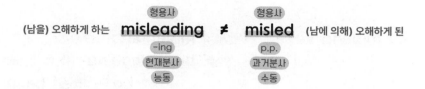

현재분사 misleading과 과거분사 misled나 모두 '분사'니까 형용사라는 점은 공통점이지만, 결정적인 차이점은 **현재분사 misleading**은 '(남을) 오해하게 하는'이란 능동의 뜻, **과거분사 misled**는 '(남에 의해) 오해하게 된'이란 수동의 뜻이란 거야. 간단한 문장으로 이해해 볼까?

`능동` `현재분사`
**The lie was misleading.**　　그 거짓말은 남을 오해하게 한다.

`능동` `과거형 동사`
**The lie misled us.**　　그 거짓말은 우리를 오해하게 했다.

`수동` `과거분사 (p.p.)`
**We were misled by the lie.**　　우리는 그 거짓말로 인하여 오해하게 되었다.

첫 문장에서는 **현재분사 misleading**이 형용사로서 능동으로 쓰였고, 가운데 문장에서는 **과거형 misled**가 동사로서 능동으로 쓰였어. 마지막 문장에서는 **과거분사 misled**가 형용사로서 수동으로 쓰였고, 이 문장은 'be동사 p.p. by'라는 전형적인 **수동태** 문장이지.

**have/has been + -ing [현재완료 진행형, 계속 ~해오는 중이다]**

$$\underbrace{\text{has} + \text{p.p.}}_{} = \boxed{\text{현재완료}}$$

the sharp division of time ~ **has** **been** desperately **misleading**

$$\underbrace{\text{be} \qquad + \qquad \text{ing}}_{} = \boxed{\text{진행형}}$$

【동사】 **mislead** 잘못 이끈다 → 【현재분사】 **misleading** 잘못 이끄는 →

【진행형】 **be misleading** 잘못 이끄는 중이다

↓ 【동사】 **be** → 【과거분사】 **been**

【현재완료】 **has misled** 잘못 이끌었다

→ 【현재완료진행형】 **has been misleading**

계속 잘못 이끌어오는 중이다

현재완료 have/has + p.p.에는 '계속 ~해왔다'란 '계속'의 뜻도 있었지? 그런데 여기에 'be동사 + -ing'인 **진행형**이 결합되면 (p.p.자리에 be동사가 p.p.형으로 been이 되면서 들어와.) '진행'의 느낌이 가미돼. 그래서 '**계속 ~해오는 중이다**'란 뜻이 되지. 여기서는 'misleading'이 쓰였으니까 과거부터 현재까지 '**계속 오해를 야기해 오는 중**'이란 소리지.

'climate change'와 'the (sharp) division of time'이 함께 문장의 핵심을 이루고 있어. '기후 변화에 있어 시간 구분의 의미'를 얘기할 것 같아.

역시 'misleading'이란 단어에 주목하면, 사람들을 뭔가 잘못 이해하게 하는 게 있나 봐. 이런 현상을 본 글쓴이에게는 그런 사태에 뭔가 **문제의식**이 있겠지. 그리고 아마 그런 사태에 '**유감스러운(pitiful)**' 감정

트랜스쿨어

을 가지고 있을지도 몰라. '절망적으로'란 뜻의 'desperately'라는 부정적인 단어를 같이 쓴 걸로 봐서도 그래.

'the sharp division of time'의 내용이 'past, present, and future'지.

글의 순서에서 또 아주 아주 아주 중요한 **연결어**가 나왔네. 바로 'however'야. '**그러나**'란 말이지. 이 문장의 내용이 '**그러나**' 기후 변화에 있어서는 엄격한 시간 구분이 '**문제가 있다**'란 거잖아? 그렇다면 앞말은? 엄격한 시간 구분이 별로 '**문제가 없다**'는 내용이 왔어야 하지 않겠어?

동사의 '**과**'거형과 현재분사 -ing['**잉**']는 '**능동**', 과거분사 p.p.['**피**'피]는 '**수동**'이다

'**과**''**잉**''**능동**' '**피**''**수동**'

'**과**''**잉**'으로 '**능동**'적으로 때려 (맞은 사람은) '**피**'를 '**수동**'적으로 흘렸다

**과잉 능동  피 수동**

… 응?

In order to address serious noise issues in school, students, parents and teachers should search for a solution together.

고3 2023학년도 11월 대학수학능력평가 홀수형 35번

학교에서 심각한 소음 문제를 다루기 위해서 학생들과 부모와 교사들은 함께 해결책을 찾아야 한다.

**in order to** ~하기 위하여

**order** [ɔ́:rdər] **n.** 질서, 순서, 명령, 주문 **v.** 명령하다, 주문하다

**address** [ədrés, ǽdres] **n.** 주소, 연설

　　　　　 [ədrés] **v.** 주소를 쓰다, 연설하다, (호칭으로) 부르다,

　　　　　 ~에게 말을 걸다, 제기(신청)하다, 착수하다,

　　　　　 (문제 등을) 힘써서 다루다

**serious** [síəriəs] **a.** 진지한, 심각한

**noise** [nɔiz] **n.** 소음, 소리

**issue** [íʃuː] **n.** 쟁점, 문제점, 발행, (발행되는) ...호 **v.** 발행하다, 발급하다

**search** [sə:rtʃ] **v.** (for) 찾다, 수색하다, 검색하다 **n.** 수색, 검색

**solution** [səlúːʃən] **n.** 해결, 해결책, 용해, 용액

꼬마에서, **학교생활**에서 **소음 문제**를 겪은 적 있니?

시끄러운 소리용? 애들 떠드는 소리 말씀이세용?

펩, 그런 소리도 소음이 될 수도 있겠지. 또 다른 건?

아, 건물 공사하느라 시끄러웠던 적은 있어용.

(끄덕끄덕) 그런 **학교 소음 문제**에 대한
간단한 문장을 살펴보자.

전치사　　명사　　to
## In　order　to
~하기 위해서

전치사　　명사　　to　　동사원형
## In　order　to　address
**다루기** 위해서

전치사　　명사　　to　　동사원형　　형용사
## In　order　to　address　serious
다루기 위해서, **심각한**

전치사　　명사　　to　　동사원형　　형용사　　명사
## In　order　to　address　serious　noise issues
심각한 **소음 문제를** 다루기 위해서

전치사　명사　to　동사원형　형용사　명사　전치사　명사
## In　order　to　address　serious　noise issues　in　school,
**학교에서** 심각한 소음 문제를 다루기 위해서,

명사　　　　　명사　　접속사　　명사
## students,　parents　and　teachers
**학생들과 부모와 교사들은**

명사　　　　　명사　　접속사　　명사　　조동사
## students,　parents　and　teachers　should
학생들과 부모와 교사들은 **~해야 한다**

명사 명사 접속사 명사 조동사
**students, parents and teachers should**

동사원형 전치사
**search for**

학생들과 부모와 교사들은 ~을 **찾아야** 한다

명사 명사 접속사 명사 조동사
**students, parents and teachers should**

동사원형 전치사 명사
**search for a solution**

학생들과 부모와 교사들은 **해결책을** 찾아야 한다

명사 명사 접속사 명사 조동사
**students, parents and teachers should**

동사원형 전치사 명사 부사
**search for a solution together.**

학생들과 부모와 교사들은 **함께** 해결책을 찾아야 한다.

## In order to 동사원형 [부사 to 부정사] [~하기 위해서, 목적]

**In order to** 동사원형 ~하기 위해서

**In order to address** serious noise issues in school,

= **To address**

**address** 〔동사원형〕 〔동사〕 다루다

→ **in order to address** 〔to 부정사〕 〔부사〕 다루기 위해서

→ **to address** 〔to 부정사〕 〔부사〕 다루기 위해서

**cf.**

→ **to address** 〔to 부정사〕 〔명사〕 다루는 것, 다루기

→ **to address** 〔to 부정사〕 〔형용사〕 다룰

In order to address는 '다루기 위해서'란 뜻이야. to 부정사가 'to 동사원형' 꼴로만으로도 '~하기 위해서'라는 목적 뜻으로 많이 쓰이니까 to address도 '다루기 위해서'란 뜻이 되는데, in order를 그 앞에 놓아도 마찬가지로 목적 뜻이지. 아니, '더 확실하게' 목적 뜻이라고 할 수도 있어. 왜냐하면 'to 동사원형' 꼴만으로는 이게 부사로 목적(~하기 위해)으로 쓰인 건지, 아니면 명사(~하기, ~하는 것)나 형용사(~할) 등 다른 용법으로 쓰인 건지 한 번 더 판단해야 하지만, in order to는 다른 판단을 할 필요가 없이 바로 "아, 부사구나. 목적이구나"하면 되니까 말이야.

**To address the issues is important.** 그 문제들을 다루는 것은 중요하다.

**There are issues to address.** 다룰 문제들이 있다.

**To address the issues, we met them.**
**= In order to address the issues, we met them.**
그 문제들을 다루기 위해 우리는 그들을 만났다.

to 부정사가 명사인지 형용사인지 부사인지 구별하라고 간단한 문장을 세 개 만들어봤어. 첫 문장의 To address는 '다루는 것'이란 명사 뜻으로 문장의 주어 노릇을 하고 있지. 두 번째 문장의 to address는 '다룰'이란 형용사 뜻으로 바로 앞의 명사 issues를 꾸며주고 있어. 마지막 문장의 To address는 '다루기 위해'란 목적 뜻으로 부사로 쓰였고, In order to address로 바꿔쓸 수 있어.

## A, B and C [A, B, C 병렬 구조]

**students, parents and teachers** should search for a solution together.
　명사　　　　명사　　접속사　　명사

A, B, C 세 개를 **병렬**로 나란히 나열하고 싶을 때 A, B 'and' C 식으로 마지막 C 앞에 '**접속사**'를 써줘. students, parents and teachers에서 '**명사, 명사 and 명사**'의 모양으로 **명사** 세 개가 **병렬 구조**를 이루고 있지.

중요한 두 낱말이 'school'과 'noise'인 것 같아. 학교에서의 소음 문제 해결을 다룬 글이지.

시끌시끌한 학교의 풍경이 그려지네. 시끄럽게 떠드는 학생의 심정은? 어쩌면 답답한 학교에서 벗어나고픈 마음일 수도 있어. 시끄러운 게 주변 공사 때문이라면? 학생들은 그런 소음을 듣기 싫은 마음일 수도 있지. 어쩌면 이 두 마음 모두 무언가로부터 자유롭고 싶은(to be free) 심정일지도 몰라.

여기서는 소음 문제(noise issues)를 학교 구성원들이 '함께 (together)' 해결해야 한다고 이야기하고 있지. 만약 사람들이 '따로따로 (separately)' 해결하자고 한다면 이 문장과는 어긋난 말이 되겠지.

앞에서처럼 내용 일치를 따질 때도 **반대말**로 내용 불일치 문장을 만드는 경우가 많은데, **문맥**을 따질 때도 마찬가지야. 이 문장에서 'address'란 동사를 써서 소음 문제를 '**다룬다**'라고 되어 있지? 문제를 적극적으로 다루겠단 얘기잖아? 이 'address' 자리에 'avoid'라는 '**피하다**'라는 뜻의 단어를 넣으면 (In order to avoid serious noise issues) 뜻이 어떻게 되지? 뜻이 **정반대**가 되지. 그런 소음 문제를 '피한다', 그런 문제를 다루는 것을 '피한다'란 말이 되어버려서 **문맥**에 맞지 않는 말이 되는 거야.

---

**In order to ['인' '오더' '투']는 '~하기 위해서', 목적이다**

'인' '오더' '투' '~하기 위해서'

'인'간들이 '오더'구만, 전'투'하기 위해서'

**인 오더 투 하기 위해서**

··· 응?

---

## Conserving energy is essential for an organism's ability to survive and reproduce.

**고3 2023학년도 11월 대학수학능력평가 홀수형 36번**

에너지를 보존하는 것은 유기체의 생존하고 생식하는 능력을 위해서 필수적이다.

conserve [kənsə́:rv] **v.** 보호하다, 절약하다
energy [énərdʒi] **n.** 에너지, 정력, 활발한 기운
essential [isénʃəl] **a.** 본질적인, 근본적인, 필수적인 **n.** 본질적인 요소
organism [ɔ́:rgənìzm] **n.** 유기체, 생물
ability [əbíləti] **n.** 능력, 재능
survive [sərváiv] **v.** 살아남다, 생존하다, ...보다 오래 살다
reproduce [rìprədús] **v.** 생식하다, 번식하다, 복제하다, 재생하다, 재생산하다

오늘도 **깡충깡충** 잘 뛰는 걸 보니 꼬마에서 **에너지**가 넘치는구나!

그럼 그럼, 예서 **에너지**는 무한대라고용!

자, 그럼 우리 **에너지**에 관한 이 문장을… 응?

(**깡충깡충 깡충깡충 깡충깡충 깡충깡충 …**)

어딜 도망가? (후다닥) 잡았다, 요 녀석! (헥헥)

트랜스쿨어

(시치미떼며) 엣헴, 엣헴! 도망 아니에욧!
불량교생님이 너무 운동 부족인 거 같아
예서가 운동시켜 드린 거예욧! 엣헴, 엣헴!

(헐떡헐떡) 백만 년 만에 예서 덕분에 운동을 하긴 했군.
자, 그럼 우리 **에너지** 본론으로 들어가 볼까?

독해 POINT!
트랜스폼어

동명사
**Conserving**
**보존하는 것은**

동명사　　　　　목적어
**Conserving　energy**
**에너지를** 보존하는 것은

동명사　　　　　목적어　　　동사
**Conserving　energy　is**
에너지를 보존하는 것은 **~이다**

동명사　　　　　목적어　　　동사　　　형용사
**Conserving　energy　is　essential**
에너지를 보존하는 것은 **필수적이다**

동명사　　　　　목적어　　　동사　　　형용사　　　전치사
**Conserving　energy　is　essential　for**
에너지를 보존하는 것은 필수적이다, **~을 위해서**

　동명사　　　　목적어　　동사　　형용사　　전치사　　　소유격
**Conserving　energy　is　essential　for　an organism's**
명사
**ability**
에너지를 보존하는 것은 필수적이다, **유기체의 능력**을 위해서

동명사 목적어 동사 형용사 전치사 소유격

**Conserving** **energy** **is** **essential** **for** **an organism's**

명사 to 동사원형

**ability** **to** **survive**

에너지를 보존하는 것은 필수적이다, 유기체의 **생존하는** 능력을 위해서

동명사 목적어 동사 형용사 전치사 소유격

**Conserving** **energy** **is** **essential** **for** **an organism's**

명사 to 동사원형 접속사 동사원형

**ability** **to** **survive** **and** **reproduce.**

에너지를 보존하는 것은 필수적이다, 유기체의 생존하**고 생식하는** 능력을 위해서

## ability to 동사원형 and 동사원형 [to 부정사 병렬 구조(~할 능력)]

동사원형 접속사 동사원형

an organism's ability **to** **survive** **and** **reproduce**
= **to** **survive** **and** **to** **reproduce**

　ability 뒤에 to 동사원형, 즉 to 부정사가 오면 '~할 능력'이란 뜻이야. 마치 to 부정사가 앞의 **명사**인 ability를 꾸며주듯이 **형용사**처럼 해석해. (이런 건 'ability to'를 그냥 한 단어처럼 익히는 게 가장 낫지.)

　그런데 여기서는 동사원형이 **접속사** and 양옆에 나란히 왔어. **병렬 구조**인 거 보여? to 부정사가 **병렬**된 거야. 원래는 to survive and 'to' reproduce로 써야겠지만, 'to'가 중복이 되니까 뺀 거야. 생략

(omission)이라고 하지. 빼도 뜻을 전달하는 데 아무 지장이 없으니까 그냥 to survive and reproduce로 쓴 거야.

## -ing + 명사 [동명사 -ing + 목적어 (~을 -하는 것)]
## ≠ [현재분사 -ing + 명사 (-하는 ~)]

## Conserving energy is essential.
-ing          명사

-ing 모양의 Conserving이 나오고 **명사** energy가 그 뒤를 따르고 있어. -ing의 두 가지 경우의 수, 기억나?

**conserve**  보존하다  동사원형 동사
→ **conserving**  보존하는  -ing 현재분사 형용사
→ **conserving**  보존하는 것  -ing 동명사 명사

conserving은 현재분사 아니면 동명사지. 현재분사면 형용사로 '보존하는'으로 해석하고, 동명사면 **명사**로 '보존하는 것'으로 해석해. 그렇다면 Conserving energy는 다음 두 가지 중 하나로 해석이 되는데

## Conserving energy
→  보존하는 에너지  -ing 현재분사 형용사 + 명사
→  에너지를 보존하는 것  -ing 동명사 명사 + 명사 목적어

'보존하는 에너지'는 말이 좀 이상해. '뭔가를 보존하는 에너지' 식으

로 뭔가가 더 있어야 할 거 같기도 하고 말이야. 따라서 '에너지를 보존하는 것'으로 보는 게 타당하고,

동명사     목적어    에너지를 보존하는 것은
**Conserving energy is essential.**
주어         서술어

Conserving이 동명사 주어로 energy를 목적어로 받고 있는 모양으로 보면 된다는 말씀이야. **동명사 주어는 단수**라고 했던 거 기억나? 단수 주어니까 be동사의 모양은 is가 되어 있지. 간단한 문장으로 '-ing + 명사'에 조금만 더 익숙해져 볼까?

**Singing girls are happy.**
**Singing songs is her pleasure.**

똑같은 'Singing'인데 윗 문장은 be동사가 복수형인 are가 왔고, 아랫 문장은 be동사의 모양이 단수형인 is지? 왜 그렇지? 위의 'Singing'은 **현재분사**지만 아래의 'Singing'은 **동명사**라서 그래. 좀 더 자세히 이야기하면

현재분사   노래하는 소녀들은 행복하다.
**Singing girls are happy.**
형용사   명사
주어   서술어

현재분사 Singing은 형용사로 **명사**인 girls를 꾸며주고, 꾸밈을 받는 이 girls가 주어지. '소녀들'이니까 복수고. 그러니 당연히 **be동사가 복수형인 are**가 온 거지.

동명사　목적어　노래들을 부르는 것은 그녀의 즐거움이다.

## Singing songs is her pleasure.
주어　　　　　　서술어

그러나 **동명사 Singing**의 경우엔 이 Singing이 **명사 주어**야. 뒤의 songs는 목적어일 뿐이고. 따라서 be동사의 모양이 **단수형인 is**가 된 거지. **동명사 주어는 단수로 취급**하니까.

-ing가 나오면 **동명사 -ing인지 현재분사 -ing인지** 판단하는 거 잊지 말기 바람!

쓰인 낱말들이 다 중요해보이긴 하는데 그중에서도 추려보면, Conserving energy와 organism이 더 핵심이 아닐까 싶다. '유기체의 에너지 보존'에 대한 글로 보여.

**모양이 비슷한 낱말을 오답으로 내는 경우도 심심치 않게 많이 있어.** Conserving과 얼핏 비슷해보이는 Observing(관찰하는 것) 같은 단어를 써서 'Observing energy is essential ~' 식으로 문장을 구성하면 내용이 일치하지 않는 문장이 되어버리는 거지.

이 문장만 놓고 섣부른 판단을 하긴 좀 그렇지만, 이렇게 **일반화된,**

추상적인 문장이 나왔다면 이 문장 앞이나 뒤에 뭔가 **알기 쉽고, 구체적**
**인 문장**이 나오지 않았을까 생각해볼 순 있겠어. 구체적인 생명체가 유
기체(organism)의 **예(example)**로 나올 수도 있겠지.

<-ing + 명사>는 <'동'명사 + '목적'어> 아니면 <'현'재분사 + '명'사>

'동' '목적''현''명'

'동'쪽을 '목적'지로 한 건 '현''명'한 걸까?

**동 목적 현명**

… 응?

트랜스폼어

From the client's point of view, the pricing makes sense in part because most clients in these cases are unfamiliar with and possibly intimidated by law firms.

고3 2023학년도 11월 대학수학능력평가 홀수형 37번

고객의 관점에서 보면 그러한 가격 책정은 이치에 닿는데, 일정 부분의 이유는 이러한 사건들에서 대부분의 고객들은 법률 회사들에 익숙하지 않고 아마도 위축될 수 있기 때문이다.

**단어 POINT!**

**client** [kláiənt] **n.** 고객, 손님, 의뢰인

**point of view** 관점, 견해

**price** [prais] **n.** 가격, 물가, 대가 **v.** 가격을 책정하다

**make sense** 이치에 닿다, 타당하다

**in part** 일부는, 부분적으로는

**because** [bikɔ́ːz] **conj.** ... 때문에

**most** [moust] **ad.** 가장 **a.** 가장 많은, 대부분의 **n.** 대부분

**unfamiliar** [ʌnfəmíljər] **a.** (with) 친숙하지 않은, 생소한

**possibly** [pásəbli] **ad.** 아마, 어쩌면

**intimidate** [intímədèit] **v.** 위협하다, 위축시키다, 겁을 주다, 겁먹게 하다

**law** [lɔː] **n.** 법, 법률

**firm** [fəːrm] **a.** 단단한 **n.** 회사

꼬마에서, **'로펌'**이 뭔 줄 아니?

그게 모예용? 미용실에서 하는 헤어**펌**인가용?

그런 건 아니고, 위에 나온 단어 뜻 보면
알 수 있듯이 **법률 회사**야.

에서는 무서운 법률 시로, 시로!

나도 별로 친한 영역은 아니지만,
무슨 얘길 하나 같이 귀를 기울여 보자.

전치사
**From**

~에서

전치사　　　소유격
**From　the client's**

**고객의** ~에서

전치사　　　소유격　　　명사　전치사　명사
**From　the client's　point　of　view,**

고객의 **관점**에서 보면,

전치사　　　소유격　　　명사　전치사　명사　　　동명사
**From　the client's　point　of　view,　the pricing**

고객의 관점에서 보면, **그러한 가격 책정은**

전치사　　　소유격　　　명사　전치사　명사　　　동명사　　　동사
**From　the client's　point　of　view,　the pricing　makes**

고객의 관점에서 보면, 그러한 가격 책정은 **닿는다**

전치사　　소유격　　　명사　전치사　명사　　　동명사　　　동사　　　명사
**From　the client's　point　of　view,　the pricing　makes　sense**

고객의 관점에서 보면, 그러한 가격 책정은 **이치에** 닿는다

전치사　명사
**in　part**

**일정 부분의**

전치사　명사　　　접속사
**in　part　because**

일정 부분의 **이유는, ~기 때문이다**

전치사　명사　　　접속사　　　형용사　　　명사
**in　part　because　most　clients**

일정 부분의 이유는, **대부분의 고객들은** ~기 때문이다

전치사　명사　　　접속사　　　형용사　　　명사　전치사　　명사
**in　part　because　most　clients　in　these cases**

일정 부분의 이유는, **이러한 사건들에서** 대부분의 고객들은 ~기 때문이다

전치사 명사　　접속사　　　형용사　　명사　전치사　　　명사　　　동사　　　형용사
**in　part　because　most　clients　in　these cases　are　unfamiliar**

전치사
**with**

일정 부분의 이유는, 이러한 사건들에서 대부분의 고객들은 **~에 익숙하지 않기** 때문이다

전치사 명사　　접속사　　　형용사　　명사　전치사　　　명사　　　동사　　　형용사
**in　part　because　most　clients　in　these cases　are　unfamiliar**

전치사　　접속사　　　부사
**with　and　possibly**

일정 부분의 이유는, 이러한 사건들에서 대부분의 고객들은 익숙하지 않**고 아마
도** ~기 때문이다

| 전치사 | 명사 | 접속사 | 형용사 | 명사 | 전치사 | 명사 | 동사 | 형용사 |
|---|---|---|---|---|---|---|---|---|
| in | part | because | most | clients | in | these cases | are | unfamiliar |

| 전치사 | 접속사 | 부사 | 과거분사 |
|---|---|---|---|
| with | and | possibly | intimidated |

일정 부분의 이유는, 이러한 사건들에서 대부분의 고객들은 익숙하지 않고 아마도 **위축될 수 있기** 때문이다

| 전치사 | 명사 | 접속사 | 형용사 | 명사 | 전치사 | 명사 | 동사 | 형용사 |
|---|---|---|---|---|---|---|---|---|
| in | part | because | most | clients | in | these cases | are | unfamiliar |

| 전치사 | 접속사 | 부사 | 과거분사 | 전치사 |
|---|---|---|---|---|
| with | and | possibly | intimidated | by |

일정 부분의 이유는, 이러한 사건들에서 대부분의 고객들은 **~에** 익숙하지 않고 아마도 위축될 수 있기 때문이다

| 전치사 | 명사 | 접속사 | 형용사 | 명사 | 전치사 | 명사 | 동사 | 형용사 |
|---|---|---|---|---|---|---|---|---|
| in | part | because | most | clients | in | these cases | are | unfamiliar |

| 전치사 | 접속사 | 부사 | 과거분사 | 전치사 | 명사 |
|---|---|---|---|---|---|
| with | and | possibly | intimidated | by | law firms. |

일정 부분의 이유는, 이러한 사건들에서 대부분의 고객들은 **법률 회사들에** 익숙하지 않고 위축될 수 있기 때문이다.

## 동명사 -ing [단수] [주어]

동명사
the **pricing** makes sense

| 주어 | 서술어 |
|---|---|
| 단수 | 단수동사 |

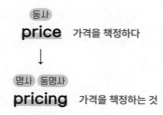

동사
**price** 가격을 책정하다

↓

명사 동명사
**pricing** 가격을 책정하는 것

price는 '가격'이란 명사 뜻 말고도 '가격을 책정하다'란 동사 뜻도 있어. 그래서 동사 price에 -ing가 붙어 pricing이란 동명사로 변신했지. '가격을 책정하는 것, 가격 책정'이란 뜻이고, 이 문장에서 주어 노릇을 해. 그런데 동명사 주어는 단수라서 뒤의 서술어인 동사가 '-s'가 붙은 단수꼴인 makes가 된 거지.

## '-ed'의 두 가지 경우의 수 [동사냐 vs. 형용사냐]

-ed
most clients are unfamiliar with and possibly **intimidated** by law firms.

intimidated라는 '-ed'로 끝난 말이 보이네. 이 '-ed'는 뭘까?

겁먹게 하다　　　　겁먹게 했다　　　　겁먹은
동사　　　　　　　동사　　　　　　　형용사
**intimidate** - **intimidated** - **intimidated**
동사원형　　　　　　과거형　　　　　　과거분사형
　　　　　　　　　　　　　　　　　　과거분사 = p.p.

intimidate는 규칙동사로 '-ed'가 붙어서 동사의 과거형과 과거분사 p.p.를 만들지. 이 말은 동사의 과거형과 과거분사 p.p.의 모양이 모두

intimidated라는 얘기야. 그래서 우리는 intimidated가 **과거형인 동사**(겁먹게 했다)인지, 아니면 **과거분사 p.p.로 형용사**(겁먹은)인지 판단을 해야 해. 어떻게 하면 될까?

**동사**
**intimidated** ≠ **형용사** **p.p.** **과거분사**
**intimidated**

(남을) 겁먹게 했다 **능동**　　　**수동** (자기가) 겁먹은
**목적어 O**　　　**목적어 X**

　동사 intimidated는 '(남을) 겁먹게 했다'란 능동의 뜻이야. '(남을) **겁먹게 했다**'란 뜻이니 당연히 뒤에 '**남을**'에 해당하는 **목적어**가 오겠지. 그러나 **과거분사 intimidated**는 남이 겁을 주어서 자기는 그런 겁먹은 상태가 된 **수동**의 뜻이야. '(**남에 의해 자기가**) **겁먹은**'이란 뜻이니 뒤에 **목적어**가 올 리가 없지.

**He intimidated her.** 그는 그녀를 겁먹게 했다. **목적어 O**
**She was intimidated by him.** 그녀는 그로 인해 겁을 먹었다. **목적어 X**

　처음 문장에서는 intimidated 뒤에 her라는 **목적어**가 보이지? intimidated가 **동사**라서 그래. '**남을**', '**남인 그녀를**' 겁먹게 했다는 거지. 그러나 다음 문장에서는 intimidated 뒤에 아무런 **목적어**가 없지. intimidated가 **형용사**라서 그런 거야. '**자기가 겁먹은**' 거고, (여기서 '**자기**'는 '**주어인 she 자신**'을 말하는 거야.) 그리고 was란 be동사와 **전치사 by** 사이에 끼어 있으니 이건 당연히 **be동사 p.p. by**의 **수동태 공식**에 의해서 **p.p.인 과거분사**라고 판단할 수도 있어.

**-ed** = **p.p.** **과거분사**
**most clients are unfamiliar with and possibly intimidated by law firms.**
**형용사**

자, 그럼 원래의 문장에서 intimidated가 동사의 **과거형**이 아니라 **과거분사 p.p.**로 형용사인 거 보여? 잘 보면, 저 앞에 are라는 be동사도 보이고, 바로 뒤에 **전치사** by도 보이니, 이건 전형적인 be동사 p.p. by의 수동태란 걸 알 수 있지.

### 형용사 + 전치사 and 형용사 + 전치사 [병렬 구조]

접속사

most clients are <u>unfamiliar</u>  with  and possibly <u>intimidated</u>  by law firms

형용사     전치사                    형용사     전치사

접속사 and 앞에도 'unfamiliar with'란 '**형용사 + 전치사**' 모양이 있고, 접속사 and 뒤에도 'intimidated by'란 '**형용사 + 전치사**' 모양이 있네. 뭐 볼 거 있나? **병렬 구조**지. (**병렬 구조**를 많이 이야기하는 기분이 드는데, 그만큼 **병렬 구조**가 많이 쓰인단 얘기야. **병렬 구조**가 긴 문장을 독해할 때 중요하다고 처음부터 강조했었지?)

### most clients are <u>unfamiliar</u>  with law firms.
대부분의 고객들은 법률 회사들에 익숙하지 않다.

### most clients are possibly <u>intimidated</u>  by law firms.
대부분의 고객들은 법률 회사들에 의해 아마도 위축될 수 있다.

이 두 문장이 하나로 합쳐진 문장이란 얘기지. 'law firms'가 중복되니까 앞의 **with** 다음에서는 **생략**을 해준 거고.

pricing이란 낱말이 핵심이겠지? 법률 회사들과 계약할 때 **수임료**(fee) 책정에 대해 이야기하고 있는 걸로 보여.

법을 모르는 일반인들이 법률 문제로 법률 회사를 찾을 때 심정이 어떨까? 'intimidated'란 말이 보이지? 위축된단 얘긴데, 쉬운 말로 기가 죽을 수 있지. 쫄 수 있단 얘기야.

'these cases'가 무얼 가리키는지는 이 문장이 나온 글의 앞 문장들을 보아야 더 확실히 알 수 있겠지만, 여기서도 뒤에 law firms란 말이 나온 걸로 봐서 '아, 이건 **소송 사건**이겠구나'라고 추론할 수 있어. case란 낱말에 '**소송 사건**'이란 뜻이 있다는 걸 사전에 알고 있었으면 더 좋고 말이야.

가격 책정이 고객에게 좋단 얘기인데 왜 좋은지는 앞뒤 문장들을 더 봐야 알 것 같아. **부정접두어** 'un-'이 붙어 있는 'unfamiliar(익숙하지 않은)' 같은 단어가 나오면 이 **부정접두어**를 떼어버리고 넣는 연습을 해봐. 'familiar(익숙한)'을 넣어보란 얘긴데 'most clients are familiar with law firms'라고 쓰면 어때? 문맥에 어긋난 말이 되어버리잖아. 대부분의 고객들, 즉 일반인들이 법률 회사에 친숙할 리는 없으니까 말이야.

**표 쎌렁암기 제안!**

'**목적**'어가 있느냐 없느냐로 '**능**'동과 '**수**'동을 구별할 수 있다

'**목적**' '**능**' '**수**'

'**목적**'을 달성하는데 '**능**' '**수**'능란하다

**목적 능수**

··· 응?

아, 물론 목적어 유무로 백 퍼센트 무조건 능동 수동을 판별할 수 있는 건 아니야.
예외적인 경우도 있어. 그러나 <**목적어가 있으면 능동, 목적어가 없으면 수동**>인
경우가 꽤 상당히 엄청 많으니까 이 원칙을 잘 기억해두기 바람.

## Their purposes and meanings are made and remade by planners and by park users.

고3 2023학년도 11월 대학수학능력평가 홀수형 38번

그것들의 목적과 의미는 설계자들과 공원 사용자들에 의하여 만들어지고 다시 만들어진다.

---

**purpose** [pə́:rpəs] **n.** 목적

**meaning** [mí:niŋ] **n.** 의미

**made** [meid] **v.** make의 과거형 **a.** make의 과거분사(p.p.)형

**remade** [ri:méid] **v.** remake의 과거형 **a.** remake의 과거분사(p.p.)형

**planner** [plǽnər] **n.** 계획하는 사람, (도시 계획) 설계자

---

수동태가 또 나왔군. 꼬마에서, **수동태 공식**이 뭐였지?

**be p.p. by**쫑. 예서는 알지, 알지!

맞지, 맞지! **be p.p. by**지. 이 문장에서는
그 **수동태**를 **능동태**랑 함께 살펴보자.

소유격　명사
**Their　purposes**
그것들의 목적

소유격　명사　접속사　명사
**Their　purposes　and　meanings**
그것들의 목적**과 의미는**

소유격　명사　접속사　명사　be동사　p.p.
**Their　purposes　and　meanings　are　made**
그것들의 목적과 의미는 **만들어진다**

소유격　명사　접속사　명사　be동사　p.p.　접속사
**Their　purposes　and　meanings　are　made　and**
p.p.
**remade**
그것들의 목적과 의미는 만들어지**고 다시 만들어진다**

소유격　명사　접속사　명사　be동사　p.p.　접속사
**Their　purposes　and　meanings　are　made　and**
p.p.　by
**remade　by**
그것들의 목적과 의미는 만들어지고 다시 만들어진다, **~에 의하여**

소유격　명사　접속사　명사　be동사　p.p.　접속사
**Their　purposes　and　meanings　are　made　and**
p.p.　by　명사
**remade　by　planners**
그것들의 목적과 의미는 만들어지고 다시 만들어진다, **설계자들**에 의하여

소유격　명사　접속사　명사　be동사　p.p.　접속사
**Their　purposes　and　meanings　are　made　and**
p.p.　by　명사　접속사　by　명사
**remade　by　planners　and　by　park users.**
그것들의 목적과 의미는 만들어지고 다시 만들어진다, 설계자들**과 공원 사용자
들**에 의하여

## be동사 + p.p. and p.p. + by and by [수동태] [병렬 구조]

be동사 p.p.¹ p.p.² by¹ by²

··· **are** **made** and **remade** **by** planners and **by** park users

접속사 접속사

접속사 and가 두 번 나왔고, 이 **접속사 and** 앞뒤로 각각 p.p.랑 by가 두 번씩 나왔지. p.p.인 made와 remade가 나란히 놓여 있는 거랑 뒤에 by도 두 번 나란히 놓인 거, 쉽게 찾을 수 있지? '**be동사 + p.p. + by**'의 **수동태 기본 공식**이 살짝 변형된 형태로 보면 돼.

## [수동태] ⇄ [능동태]

be동사 p.p by = 수동태

## Their purposes **are** **made** **by** planners.

**그것들의 목적은 설계자들에 의하여 만들어진다.**

위 문장을 간단히 써 봤어. 우리 **수동태**에 대해 좀 더 생각해보자. **수동태**란 문장의 **주어**가 행위나 동작을 **받는** 걸 표현해. 주어가 뭔가 **당하는** 느낌이지. 이 문장의 주어인 purposes는 by 뒤의 planners란 행위자에 의해 만들어진다고 했는데, 이 '**만들어진다**'는 말이 '**당한다**'는 느낌인 거지.

주어가 주체가 되어 어떤 행위나 동작을 스스로 행하는 **능동태** 문장과 비교해보면, **수동태** 문장을 이해하기 더 쉬울 거야. 위 문장은 결국 설계자들(planners)이 그 목적(purposes)을 만든단 말이잖아?

be동사　　서술어　　　　　목적어　=　능동태

## Planners make their purposes.
설계자들이 그것들의 목적을 만든다.

이렇게 **주어, 서술어, 목적어**로 간단히 쓰면 **능동태** 문장이 되는 거야. 우리 한국인들에겐 이런 **능동태** 문장이 더 익숙한 표현이지. 우린 주어가 '**당한다**'는 말보다 주어가 뭘 '**한다**'는 말을 많이 쓰니까.

그럼 우리 이 두 문장을 놓고 **수동태**와 **능동태**를 서로 **말바꾸기**해 보자. 뭐 어렵지 않아.

능동태의 목적어　　　　　　　　　　능동태의 주어

수동태 **Their purposes are  made  by planners.**

주어　　　　　　　　　　목적어

능동태 **Planners make their purposes.**

첫째, **능동태의 목적어**를 수동태에서 **주어**로 써주고
둘째, **능동태의 동사**를 수동태에서 **be동사 + p.p.** 꼴로 써주고
셋째, **능동태의 주어**를 수동태에서 **by** 뒤로 보내면 끝! 어때 쉽지?

물론, **수동태** 문장에서 by가 없는 말도 엄청 많고, by가 아닌 다른 **전치사**를 쓰는 것도 많지만, 우리가 **수동태**를 만날 때 배우는 가장 기본적인 모양이니까 잘 기억해두기 바람. 무조건 외우려고 하지 말고, **능동태**

의 목적어가 동작을 당하는 대상이니까 수동태의 주어가 된다는 걸 이해하기 바람.

능동태의 목적어

수동태 **Their purposes** are  made  by planners. 목적어 x

목적어

능동태 **Planners make their purposes.** 목적어 o

이 원리를 이해하면 앞서 했던 얘기-'**능동일 땐 목적어가 있고, 수동일 땐 목적어가 없다**'란 바로 그 얘기-도 이해가 될 거야. **능동태의 목적어가 수동태의 주어가 되어버렸으니, 수동태에서는 달리 목적어가 있을 리 없지.** (물론 모든 경우에 다 그런 건 아니라고 앞에서도 강조했지만 말이야.)

### 가리키는 대상 POINT!

문장의 처음에 나온 'Their'가 가리키는 대상은 뭘까? 이 문장을 놓고 판단해보면 문장의 제일 끝부분에 쓰인 park(공원)를 가리키는 것으로 보여.

### 주제 POINT!

이 문장 자체가 **주제문**일 것 같기도 하지만, 더 추려보면, 문장 첫 부분의 '**공원의 목적과 의미(Their purposes and meanings)**'가 주제가 아닐까 싶어.

트랜스글어

글 전체를 읽어봐야 이 문장의 뜻이 온전히 와닿겠지만, 만일 이 문장에서 **by 이하**를 빈칸으로 놓고 무슨 말이 올까 생각해보라고 한다면? 공원의 목적과 의미를 창조하고 재창조하는 **주체**가 누구일지 생각하며 읽어야 할 거야. 그 답은 여기 나온대로 **(공원의) 설계자와 공원 사용자**들이 되는 거고 말이야.

**'능'동태의 '목'적어는 '수'동태에서 '주'어다!**

**'능' '목' '수' '주'**

나'**능**'(=나는) '**목**''**수**' 일을 '**주**'로 행(=해)

**능 목수 주**

… 응?

## Negotiators should try to find ways to slice a large issue into smaller pieces, known as using *salami tactics.*

**고3 2023학년도 11월 대학수학능력평가 홀수형 39번**

협상자들은 커다란 문제를 더 작은 조각들로 쪼개는, 살라미 전술을 사용하는 것으로 알려져 있는, 방법을 찾으려고 시도해야 한다.

**negotiator** [nigóuʃièitər] **n.** 협상자, 교섭자
**find** [faind] **v.** (우연히) 찾다, 발견하다, (노력해서) 찾다
**slice** [slais] **n.** (얇게 썬) 조각 **v.** 얇게 썰다
**issue** [íʃuː] **n.** 쟁점, 문제점, 발행, (발행되는) ...호 **v.** 발행하다, 발급하다
**piece** [piːs] **n.** 조각, 곡, 작품
**known** [noun] **a.** 알려진, 유명한 (know의 p.p.)
**as** [əz, ǽz] **ad.** ~만큼 **conj.** ~하는 동안에, ~이므로, ~임에도
　　　　　**prep.** ~로서, ~처럼
**salami** [səlάːmi] **n.** 살라미, 이탈리아 소시지
**tactic** [tǽktik] **n.** 전략, 전술, 병법

충쿡 **살람이 살라미** 죠아해.

이게 모야앙?

중국 사람이 **살라미** 소시지 좋아한다고.

트랜스폼어

자, 그럼 우리 **살라미** 소시지가 나온 이 문장을··· 응?

<sup>주어</sup>
**Negotiators**
협상자들은

<sup>주어</sup> <sup>조동사</sup>
**Negotiators should**
협상자들은 **~해야 한다**

<sup>주어</sup> <sup>조동사</sup> <sup>동사원형</sup> <sup>to</sup>
**Negotiators should try to**
협상자들은 **~하려고 시도**해야 한다

<sup>주어</sup> <sup>조동사</sup> <sup>동사원형</sup> <sup>to</sup> <sup>동사원형</sup>
**Negotiators should try to find**
협상자들은 **찾으려고** 시도해야 한다

<sup>주어</sup> <sup>조동사</sup> <sup>동사원형</sup> <sup>to</sup> <sup>동사원형</sup> <sup>명사</sup> <sup>to</sup>
**Negotiators should try to find ways to**
협상자들은 **~할 방법을** 찾으려고 시도해야 한다

<sup>주어</sup> <sup>조동사</sup> <sup>동사원형</sup> <sup>to</sup> <sup>동사원형</sup> <sup>명사</sup> <sup>to</sup> <sup>동사원형</sup>
**Negotiators should try to find ways to slice**
협상자들은 **쪼갤** 방법을 찾으려고 시도해야 한다

<sup>주어</sup> <sup>조동사</sup> <sup>동사원형</sup> <sup>to</sup> <sup>동사원형</sup> <sup>명사</sup> <sup>to</sup> <sup>동사원형</sup> <sup>형용사</sup>
**Negotiators should try to find ways to slice a large**
<sup>명사</sup>
**issue**
협상자들은 **커다란 문제를** 쪼갤 방법을 찾으려고 시도해야 한다

| 주어 | | 조동사 | 동사원형 | to | 동사원형 | 명사 | to | 동사원형 | 형용사 |
|---|---|---|---|---|---|---|---|---|---|

Negotiators should try to find ways to slice a large

| 명사 | 전치사 | 비교급 | 명사 |
|---|---|---|---|

issue into smaller pieces,

협상자들은 시도해야 한다, 커다란 문제를 **더 작은 조각들로** 쪼갤 방법을 찾으려고

---

| 주어 | | 조동사 | 동사원형 | to | 동사원형 | 명사 | to | 동사원형 | 형용사 |
|---|---|---|---|---|---|---|---|---|---|

Negotiators should try to find ways to slice a large

| 명사 | 전치사 | 비교급 | 명사 | 과거분사 |
|---|---|---|---|---|

issue into smaller pieces, known

상자들은 시도해야 한다, 커다란 문제를 더 작은 조각들로 쪼갤 방법을 찾으려고, **알려진**

---

| 주어 | | 조동사 | 동사원형 | to | 동사원형 | 명사 | to | 동사원형 | 형용사 |
|---|---|---|---|---|---|---|---|---|---|

Negotiators should try to find ways to slice a large

| 명사 | 전치사 | 비교급 | 명사 | 과거분사 | 전치사 |
|---|---|---|---|---|---|

issue into smaller pieces, known as

협상자들은 시도해야 한다, 커다란 문제를 더 작은 조각들로 쪼갤 방법을 찾으려고, **~으로** 알려진

---

| 주어 | | 조동사 | 동사원형 | to | 동사원형 | 명사 | to | 동사원형 | 형용사 |
|---|---|---|---|---|---|---|---|---|---|

Negotiators should try to find ways to slice a large

| 명사 | 전치사 | 비교급 | 명사 | 과거분사 | 전치사 | 동명사 |
|---|---|---|---|---|---|---|

issue into smaller pieces, known as using

협상자들은 시도해야 한다, 커다란 문제를 더 작은 조각들로 쪼갤 방법을 찾으려고, **~을 사용하는 것**으로 알려진

---

| 주어 | | 조동사 | 동사원형 | to | 동사원형 | 명사 | to | 동사원형 | 형용사 |
|---|---|---|---|---|---|---|---|---|---|

Negotiators should try to find ways to slice a large

| 명사 | 전치사 | 비교급 | 명사 | 과거분사 | 전치사 | 동명사 | 명사 |
|---|---|---|---|---|---|---|---|

issue into smaller pieces, known as using salami tactics.

협상자들은 시도해야 한다, 커다란 문제를 더 작은 조각들로 쪼갤 방법을 찾으려고, **살라미 전술**을 사용하는 것으로 알려진

트랜스폼어

## try to (~하기 위해 노력하다), way to (~할 방법) [to 부정사]

to 동사원형     to 동사원형

# Negotiators should try to find ways to slice a large issue
찾기 위해 (노력하다)     쪼갤 (방법)

    to find, to slice, 모두 to 동사원형 꼴이네. to 부정사지. 앞의 to find는 동사 try와 함께 '찾기 위해 (노력하다)'란 목적의 의미로 부사로 쓰였고, 뒤의 to slice는 **명사** ways 다음에 와서 '쪼갤 (방법)'이란 뜻으로 **명사** ways를 꾸며주는 형용사처럼 쓰였어. 그런데 try to나 way to나 둘 다 워낙 많이 나오는 것들이니까 각각 두 **단어**를 그냥 **한 단어**처럼 익혀두도록 해.

## known as (~로 알려진) [과거분사 p.p.]

과거분사 p.p.

# ways to slice a large issue into smaller pieces, known as ~
명사     형용사

    known은 불규칙동사 know의 과거분사(p.p.)야. '알려진'이란 수동의 뜻을 가진 **형용사**지. **형용사**는 **명사**를 꾸며주는 녀석이잖아? 이

known이 어느 **명사**를 꾸며주는지 보여? 그렇지, 'ways known as (~라고 **알려진 방법**)'으로 새기면 자연스러우니까 (저 앞에 좀 멀리 떨어져 있지만) ways란 **명사**를 꾸며준다고 보면 될 것 같아.

안다
동사
know - knew - known
동사원형      과거형      과거분사형

알았다
동사

알려진
형용사

과거분사 = p.p.

## using 【동명사 -ing ≠ 현재분사 -ing】

-ing
## known as using salami tactics

using, -ing 모양이 나왔네. 이 -ing는 뭘까? 동명사 -ing로 **명사**일까, 현재분사 -ing로 형용사일까?

## using salami tactics
→ 현재분사 형용사 + 명사   사용하는 살라미 전술

using이 **현재분사**라면 '사용하는'이란 뜻이니까 **명사** salami tactics는 이 **형용사**의 꾸밈을 받는 말로 해석해야 하는데 '사용하는 살라미 전술'이라고 하면 부자연스러운 말이 돼. (얼핏 우리말로는 자연스러워 보일 수도 있지만) 엄밀히 따지며 전술은 **'사용하는'** 게 아니라 **'사용되는'** 거니까 **능동** 표현이 아니라 **수동** 표현을 써서 'used salami tactics'라고 해야 해.

## using salami tactics

→ 동명사 명사 + 명사 목적어  살라미 전술을 사용하는 것

using이 **동명사**라면 '사용하는 것'이란 뜻이니까 뒤에 나온 **명사**
salami tactics는 **목적어**로 해석해주는 게 자연스럽지. '살라미 전술을
사용하는 것'으로 말이야. 이 말은 아주 자연스럽고 따라서 이 using은
**동명사**로 보는 게 맞지, 맞지.

-ing = 동명사
## known as using salami tactics

salami tactics(살라미 전술) 얘기를 하고싶은 거겠지.

salami tactics가 무슨 말인지 설명해주는 말이 앞에 있지? 'ways to
slice a large issue into smaller pieces'지.

이 문장만으로는 salami tactics가 무슨 전술인지 읽는 독자가 알 수
가 없으니까, 이 **살라미 전술**에 대해 보다 상세한 얘기가 아마 뒤에 나올
거 같아.

<‘t’ry ‘t’o 부정사>는 <~하기 위해 '**노력**'하다>란 뜻

't''t' '노력'

소문자 t t를 살짝 대문자 T T로 바꾸면 '**눈물을 흘리는 모양**'이지

**T T 노력**

눈물을 흘리며 노력하는 모양이야


··· 응?

트랜스폼어

**The desire to do something well for its own sake can be weakened by competitive pressure, by frustration, or by obsession.**

고3 2023학년도 11월 대학수학능력평가 홀수형 40번

무언가를 그 자체로 잘 하려는 욕망은 경쟁적인 압력에 의하여, 좌절에 의하여, 또는 강박 관념에 의하여 약화될 수 있다.

---

**desire** [dizáiər] **v.** 바라다, 욕망하다 **n.** 욕망, 욕구

**for one's own sake** 그 자체를 위하여, 자기 자신을 위하여

**sake** [seik] **n.** 위함, 이익

**weaken** [wíːkən] **v.** 약화시키다, 약화되다

**competitive** [kəmpétətiv] **a.** 경쟁하는, 경쟁력 있는

**pressure** [préʃər] **n.** 압력, 압박

**frustration** [frʌstréiʃən] **n.** 좌절, 불만

**obsession** [əbséʃən] **n.** 집착, 강박 관념

---

꼬마에서, **잘 하고 싶은 거** 있니?

엣헴, 엣헴, 춤이랑 노래용. 잘하고 싶고 이미 잘해용!
예서는 한 춤, 한 노래 한다고용.

**잘하고 싶은 거** 잘하면 아무 문제없지.

독해
**트랜스폼어**
POINT!

명사
**The desire**
**욕망은**

명사　　to　동사원형
**The desire  to  do**
**하려는** 욕망은

명사　　to　동사원형　　명사
**The desire  to  do  something**
**무언가를** 하려는 욕망은

명사　　to　동사원형　　명사　　부사
**The desire  to  do  something  well**
무언가를 **잘** 하려는 욕망은

명사　　to 동사원형　명사　　부사 전치사 소유격 형용사　명사
**The desire  to  do  something  well  for  its  own  sake**
무언가를 **그 자체로** 잘 하려는 욕망은

명사　　to 동사원형　명사　　부사 전치사 소유격 형용사　명사　조동사
**The desire  to  do  something  well  for  its  own  sake  can**
무언가를 그 자체로 잘 하려는 욕망은 **~일 수 있다**

명사　to 동사원형 명사　부사 전치사 소유격 형용사 명사 조동사 동사원형 과거분사
**The desire  to  do  something  well  for  its  own  sake  can  be  weakened**
무언가를 그 자체로 잘 하려는 욕망은 **약화될** 수 있다

명사　to 동사원형　명사　　부사 전치사 소유격 형용사 명사 조동사 동사원형 과거분사
**The desire to do something well for its own sake can be weakened**

전치사
**by**

무언가를 그 자체로 잘 하려는 욕망은 약화될 수 있다, **~에 의하여**

명사　to 동사원형　명사　　부사 전치사 소유격 형용사 명사 조동사 동사원형 과거분사
**The desire to do something well for its own sake can be weakened**

전치사　　　　　명사
**by competitive pressure,**

무언가를 그 자체로 잘 하려는 욕망은 약화될 수 있다, **경쟁적인 압력**에 의하여

명사　to 동사원형　명사　　부사 전치사 소유격 형용사 명사 조동사 동사원형 과거분사
**The desire to do something well for its own sake can be weakened**

전치사　　　　　명사　　　　　　　전치사　　　　명사
**by competitive pressure, by frustration,**

무언가를 그 자체로 잘 하려는 욕망은 약화될 수 있다, 경쟁적인 압력에 의하여,
**좌절에 의하여**

명사　to 동사원형　명사　　부사 전치사 소유격 형용사 명사 조동사 동사원형 과거분사
**The desire to do something well for its own sake can be weakened**

전치사　　　　　명사　　　　　　　전치사　　　　명사　　　　접속사
**by competitive pressure, by frustration, or**

무언가를 그 자체로 잘 하려는 욕망은 약화될 수 있다, 경쟁적인 압력에 의하여,
좌절에 의하여, **또는**

명사　to 동사원형　명사　　부사 전치사 소유격 형용사 명사 조동사 동사원형 과거분사
**The desire to do something well for its own sake can be weakened**

전치사　　　　　명사　　　　　　전치사　　　명사　　　접속사 전치사　　　명사
**by competitive pressure, by frustration, or by obsession.**

무언가를 그 자체로 잘 하려는 욕망은 약화될 수 있다, 경쟁적인 압력에 의하여,
좌절에 의하여, 또는 **강박 관념에 의하여**

## be동사 + p.p. + by, by, or by 〔(수동태) 병렬 구조〕

The desire ··· can be  weakened  by competitive pressure,
*be동사* *p.p.* *by*[1]

by frustration, or  by obsession.
*by*[2]   *접속사* *by*[3]

수동태 be weakened(약화되다) 다음에 by가 세 개나 나왔네. 나란히 **병렬 구조**를 이루고 있어. 주어인 The desire(욕망)가 약화되는 요인이 이 세 가지라는 거지. 우리, by를 하나만 써서 위 문장을 간단히 한 다음에 저번에 했던 거 복습도 할 겸, **수동태 문장을 능동태 문장으로** 바꾸어 볼까?

**수동태** The desire can be  weakened  by competitive pressure.
욕망은 경쟁의 압력에 의해 약화될 수 있다.

**능동태** Competitive pressure can **weaken** the desire.
경쟁의 압력은 욕망을 약화시킬 수 있다.

첫째, **수동태에서 주어**가 **능동태의 목적어**로 가고
둘째, **be동사 + p.p.** 꼴은 be를 없애고 p.p.는 **능동태의 동사**로 바꾸고
셋째, **수동태에서 by 뒤에 있는 말**은 **능동태의 주어**로 보내면 끝!

저번에는 **능동태 문장을 수동태 문장으로** 바꾼 거였고, 이번에는 **수동태 문장을 능동태 문장으로** 바꾸는 거라서 저번이랑 살짝 설명이 다르긴 하지만, 크게 보면 다 같은 말이니까 잘 새겨듣기 바람.

## 형용사[to 부정사]≠명사[to 부정사]

명사　　　형용사
**The desire to do something well**
주어　잘 하려는 욕망은

**for its own sake can be weakened.**
무언가를 그 자체로　　　　서술어　약화될 수 있다

'욕망'이란 뜻의 The desire라는 **명사**가 주어로 나왔고, 이 **명사** 바로 뒤의 to **동사원형**, 즉 to **부정사**가 형용사로 앞의 The desire라는 **명사**를 꾸며주고 있네. 그런데 desire라는 단어는 동사로 '욕망하다'란 뜻도 있어. 다음 문장을 볼까?

동사　　　명사　　　나는 무언가를 그 자체로 잘 하기를 욕망한다.
**I desire to do something well for its own sake.**
서술어　　목적어

여기서는 I가 주어로 나왔고, desire가 동사로 서술어 역할을 하고, to **동사원형**, 즉 to **부정사**인 to do는 '하기, 하는 것'이란 **명사** 뜻으로 목적어로 쓰이고 있어.

차이점을 잘 알겠어? desire to라는 똑같은 모양이지만 desire가 **명사**냐 동사냐에 따라 문장에서 **주어**냐 **서술어**냐 하는 역할이 달라지는 거지. 내가 이 책에서 **품사**를 강조하는 이유야. 영어 **문법**(Grammar)이란 게 따지고 보면 **품사**란 개념으로 문장들을 정리해 놓은 거 이상도 이하도 아니기 때문이야.

이 문장에서 어떤 단어에 가장 신경을 써야 할까? desire와 weakened가 가장 중요한 말 같아. 어떤 **욕망**이 무언가에 의해 **약화**된 단 얘기지, **제한을 받는(restricted)**단 소리야.

무언가 잘하고 싶은데 그렇게 되지 못하게 하는 심리적 요인들이 나왔어. 마음이 편친 않을 것 같아. 여기 나온 낱말처럼 **좌절(frustration)**할 수도 있겠지.

대명사 its가 가리키는 건? 앞에 나온 something이겠지?

반대말 마인드 가동해볼까? weakened(**약화된**)가 나왔으니 이걸 strengthened(**강화된**)로 바꾸면 틀린 말이 되겠지? by 다음이 압박이니, 좌절이니, 강박이니 하는 온통 부정적인(negative) 말들이니까 욕망이 강화가 되는 게 아니라 약화가 되는 게 맞겠지.

트랜스폴어

**표 쎌렁암기 제안!**

**'명'사 '뒤'에 to '부'정사는 '형'용사 to 부정사다.**

**'명' '뒤' '부' '형'**

**'명'령을 '뒤'에서 학'부''형'이 내린다**

**명 뒤 부형**

… 응?

**For example, algorithms have proved more accurate than humans in predicting whether a prisoner released on parole will go on to commit another crime, or in predicting whether a potential candidate will perform well in a job in future.**

고3 2023학년도 11월 대학수학능력평가 홀수형 41~42번

예를 들어, 알고리즘은, 가석방으로 풀려난 죄수가 나아가 다른 범죄를 저지를지 어떨지에 관하여 예측하는 데 있어서, 또는 유력한 후보자가 미래에 그 일을 잘 수행할지 어떨지에 관하여 예측하는 데 있어서, 인간보다 더 정확하다고 증명되었다.

**algorithm** [ǽlgərìðm] **n.** 알고리즘, 알고리듬 (입력된 자료를 토대로 원하는 출력을 유도해내는 여러 단계의 규칙의 집합)

**prove** [pru:v] **v.** 증명하다, 입증하다, 입증되다, 판명되다

**accurate** [ǽkjurət] **a.** 정확한, 정밀한

**predict** [pridíkt] **v.** 예측하다, 예언하다

**whether** [wéðər] **conj.** ...인지 아닌지, ...이든 아니든

**prisoner** [prízənər] **n.** 죄수, 포로

**release** [rilí:s] **v.** (책이나 음반을) 발매하다, (영화를) 개봉하다, 석방하다, 해방하다
    **n.** (책이나 음반의) 발매, (영화의) 개봉, 석방, 해방

**parole** [pəróul] **n.** 가석방(감옥살이하던 죄수를 미리 풀어줌)
    **v.** 가석방하다

트랜스폴어

commit [kəmít] v. 저지르다, 맡기다, 전념하다, 약속하다
crime [kraim] n. 범죄
potential [pəténʃəl] a. 잠재적인 n. 잠재력, 잠재 능력, 가능성
candidate [kǽndidèt] n. 후보자
perform [pərfɔ́ːrm] v. 수행하다, 공연하다, 연주하다, 연기하다

불량교생님, **'알고리즘'**이 모예용?

**수학 계산**할 때나 **컴퓨터 프로그래밍**할 때 **미리 정해진 문제 해결 절차**래. 꼬마에서, 나중에 수학 공부할 때 □, ◇ 같은 도형이 화살표(↓)랑 같이 나오는 '순서도'를 볼 텐데 이 순서도도 하나의 알고리즘이래.

예서는 수학, 시로 시로!

나도 무어 숫자랑은 그다지 안 친한 사람이라⋯
어쨌든 **알고리즘**은 수학이나 컴퓨터 계산이니까
인간보다 정확하지 않겠어?
무어 그런 내용 같으니까 같이 보도록 하자.

전치사 명사
**For example,**

예를 들어,

전치사 명사 주어
**For example, algorithms**

예를 들어, **알고리즘은**

전치사 명사 주어 조동사 과거분사
**For example, algorithms have proved**

예를 들어, 알고리즘은 **증명되었다**

전치사 명사 주어 조동사 과거분사 비교급
**For example, algorithms have proved more**

형용사
**accurate**

예를 들어, 알고리즘은 **더 정확하다고** 증명되었다

전치사 명사 주어 조동사 과거분사 비교급
**For example, algorithms have proved more**

형용사 접속사
**accurate than**

예를 들어, 알고리즘은 **~보다** 더 정확하다고 증명되었다

전치사 명사 주어 조동사 과거분사 비교급
**For example, algorithms have proved more**

형용사 접속사 명사
**accurate than humans**

예를 들어, 알고리즘은 **인간**보다 더 정확하다고 증명되었다

in

~에 있어서

전치사　　동명사
in　predicting

**예측하는** 데 있어서

전치사　　동명사　　　접속사
in　predicting　whether

예측하는 데 있어서, **~할지 어떨지에 관하여**

전치사　　동명사　　　접속사　　　주어
in　predicting　whether　a prisoner

예측하는 데 있어서, **죄수가** ~할지 어떨지에 관하여

전치사　　동명사　　　접속사　　　주어　　　과거분사
in　predicting　whether　a prisoner　released

예측하는 데 있어서, **풀려난** 죄수가 ~할지 어떨지에 관하여

전치사　　동명사　　　접속사　　　주어　　　과거분사　　전치사
in　predicting　whether　a prisoner　released　on

명사
parole

예측하는 데 있어서, **가석방으로** 풀려난 죄수가 ~할지 어떨지에 관하여

전치사　　동명사　　　접속사　　　주어　　　과거분사　　전치사
in　predicting　whether　a prisoner　released　on

명사　　　조동사　동사원형　부사
parole　will　go　on

예측하는 데 있어서, 가석방으로 풀려난 죄수가 **나아갈지** 어떨지에 관하여

전치사　　동명사　　　접속사　　　주어　　　과거분사　　전치사
in　predicting　whether　a prisoner　released　on

명사　　　조동사　동사원형　부사　to　동사원형
parole　will　go　on　to　commit

예측하는 데 있어서, 가석방으로 풀려난 죄수가 나아가 **저지를지** 어떨지에 관하여

전치사　동명사　접속사　주어　과거분사　전치사
**in** **predicting** **whether** **a prisoner** **released** **on**

명사　조동사　동사원형　부사　to　동사원형　형용사　명사
**parole** **will** **go** **on** **to** **commit** **another** **crime,**

예측하는 데 있어서, 가석방으로 풀려난 죄수가 나아가 **다른 범죄를** 저지를지 어떨지에 관하여,

접속사　전치사　동명사
**or** **in** **predicting**

**또는 예측하는 데 있어서**

접속사　전치사　동명사　접속사
**or** **in** **predicting** **whether**

또는 예측하는 데 있어서, **~할지 어떨지에 관하여**

접속사　전치사　동명사　접속사　형용사　명사
**or** **in** **predicting** **whether** **a potential** **candidate**

또는 예측하는 데 있어서, **유력한 후보자가** ~할지 어떨지에 관하여

접속사　전치사　동명사　접속사　형용사　명사
**or** **in** **predicting** **whether** **a potential** **candidate**

조동사　동사원형　부사
**will** **perform** **well**

또는 예측하는 데 있어서, 유력한 후보자가 **잘 수행할지** 어떨지에 관하여

접속사　전치사　동명사　접속사　형용사　명사
**or** **in** **predicting** **whether** **a potential** **candidate**

조동사　동사원형　부사　전치사　명사
**will** **perform** **well** **in** **a job**

또는 예측하는 데 있어서, 유력한 후보자가 **그 일을** 잘 수행할지 어떨지에 관하여

| 접속사 | 전치사 | 동명사 | 접속사 | 형용사 | 명사 |
|---|---|---|---|---|---|
| or | in | predicting | whether | a potential | candidate |

| 조동사 | 동사원형 | 부사 | 전치사 | 명사 | 전치사 | 명사 |
|---|---|---|---|---|---|---|
| will | perform | well | in | a job | in | future. |

또는 예측하는 데 있어서, 유력한 후보자가 **미래에** 그 일을 잘 수행할지 어떨지에 관하여

## have proved [현재완료] [결과]

| 동사 | | 서술어 | | | | |
|---|---|---|---|---|---|---|
| algorithms | have | proved | more | accurate | than | humans |

have + p.p. 과거분사

알고리즘은      증명되었다

동사 **prove** 증명하다, 증명되다

↓

현재완료 **have proved** 증명했다, 증명되었다

주어인 algorithms 다음에 have p.p.꼴로 have proved가 서술어로 왔어. 증명되었다는 결과를 나타내고 있지.

서술어                          보어      인간보다 더 정확한
algorithms have proved more accurate than humans
              비교급            형용사      접속사

　형용사 accurate 앞에 more가 붙어서 '더 정확한'이라는 비교급을
만들고 있어. 그런데 우리가 여기서 하나 짚고 넘어갈 건, prove란 동사
다음에 accurate이란 형용사가 왔다는 거야. have proved가 '증명되었
다'란 뜻이잖아? 증명되었다고? 뭐가 증명되었는데? 그냥 증명되었다
라고만 말한다면 뭔가 부족하지. 그 증명이 어떤 증명인지 뒤에 더 나와
줘야해. 이렇게 서술어 동사만으로는 의미가 충분하지 않을 때, 뒤에 '보
충해주는 말'을 써줘야 한다고. '보충해주는 말', 기억나? 바로 '보어'를
얘기하는 거야. (우리가 처음에 be동사 얘기하면서 보어 얘길 했었지.)
accurate이란 형용사가 바로 보어가 되는 거지. 어떤 증명이 이루어진
거라고? 정확하다는 증명이 이루어진 거라고.

형용사　수식어
과거분사　p.p　풀려난, 석방된

# whether a prisoner released on parole will go on

죄수가　주어　　　　　　　　　　　　　　　　서술어
명사　　　　　　　　　　　　　　　　나아갈 것이다

능동　**release**　동사원형　동사　풀어준다, 석방한다

능동　→　**released**　과거형　동사　풀어주었다, 석방했다

수동　→　**released**　과거분사형　=　p.p　형용사　풀려난, 석방된

　　a prisoner 다음에 released라는 '-ed' 모양은 **과거형**으로 쓰인 동사일까, 아니면 **과거분사 p.p.**로 형용사일까? a prisoner가 문장의 주어고, 서술어인 동사는 저 뒤에 will go가 보이기 때문에, 이 released는 동사가 아니라 형용사인 **과거분사 p.p.**야. '풀려난'이란 뜻으로 수동의 의미가 있고, '풀려난 죄수'란 뜻이니까 앞의 주어인 **명사** a prisoner를 꾸며주는 수식어 역할을 하는 거지.

## in + predicting [동명사] [전치사의 목적어]

전치사　　　동명사
### in  predicting
예측하는 것에 있어

동사　**predict**　예측하다
↓
형용사　현재분사　**predicting**　예측하는

명사　동명사　**predicting**　예측하는 것, 예측하기

전치사 in 다음에 온 '-ing'인 predicting은 (전치사가 명사 앞에 오는 말이니까) 명사로 동명사야. '예측하는 것, 예측하기'로 해석해주면 돼. 그리고 전치사 다음에 오는 명사를 우리는 보통 '전치사의 목적어'라고 불러. 영어에서 '목적어'란 말이 동사인 서술어 다음에 '~을, ~를, ~에게'로 새기는 명사를 부를 때랑 이렇게 전치사 뒤의 명사를 부를 때 쓴다는 걸 알아두기 바람.

## whether [접속사] + 주어 + 서술어 [명사 문장]

|  | 죄수가 |  |  | 나아갈 거다 |
| 접속사 | 주어 |  |  | 서술어 |

in predicting **whether** a prisoner released on parole **will go** on
or in predicting **whether** a potential candidate **will perform** well

| 접속사 | 주어 |  | 서술어 |
|  | 유력한 후보자가 |  | 잘 수행할 거다 |

'인지 아닌지'의 뜻인 whether는 접속사로 뒤에 주어와 서술어로 이루어진 문장을 데리고 와. whether 앞에도 in predicting까지 하나의 문장이 있었지. whether를 사이에 두고 문장과 문장이 이어져 있으니 whether가 접속사 노릇을 제대로 하고 있네.

가석방으로 풀려난 죄수가 나아갈지 어떨지를
명사 문장 = 목적어 문장

in predicting whether a prisoner released on parole will go on
or in predicting whether a potential candidate will perform well

명사 문장 = 목적어 문장
유력한 후보자가 잘 수행할지 어떨지를

그리고 이 **접속사** whether 문장이 통째로 **명사**가 되어 predicting의 **목적어** 노릇을 하고 있지. 죄수가 ~**인지 아닌지**'를', 후보자가 ~**인지 아닌지**'를' 예측한다는 말이니까. **접속사** whether 문장이 통째로 **명사 문장**으로서 **목적어 문장**이 될 수 있구나란 개념을 잡기 바람.

## 전치사 + 동명사 + 접속사 문장 [병렬 구조]

전치사　동명사　　접속사
**(in predicting whether** a prisoner released on parole

조동사 동사원형　　　　　　　　　　　　접속사
**will go** on to commit another crime), **or**

전치사　　동명사　　접속사
**(in predicting whether** a potential candidate

조동사　　동사원형
**will perform** well in a job)

접속사 or를 사이에 두고 'in predicting whether ~ will' 모양이 똑같이 나란히 나열된 거 보이지? '**전치사 + 동명사 + 접속사 문장**'이 **병렬 구조**를 이루고 있고. 이렇게 **병렬 구조**를 파악하니까 **긴 문장이 한눈에** 들어오지 않아? 긴 문장을 독해할 때 **병렬 구조**를 파악하는 것이 중요하다고 얘기한 이유를 알겠지?

## 어법 POINT! 트랜스폼어

**to commit [부사 to 부정사] [~하기 위해서, 목적]**

a prisoner released on parole will go on **to commit** another crime
(to 부정사 부사) (다른 범죄를) 저지르기 위해

**commit** 동사원형 동사 저지르다
→ **to commit** to 부정사 부사 저지르기 위해서
→ **in order to commit** to 부정사 부사 저지르기 위해서

to **부정사** to commit이 보이네. **목적**의 뜻인 **부사**로 해석하면 무난할 거 같아. 그리고 앞에서 이렇게 **목적**으로 쓰일 때 in order to commit로 써도 된다고 했었지.

## 주제 POINT!

알고리즘이 '더 정확하다'고 증명되었다잖아. 알고리즘이 뭔가 '좋다'는 얘기겠지. **알고리즘의 장점**(the advantage of algorithms) 정도 되려나?

## 내용일치 POINT!

**반대말 마인드**를 또 작동시켜 볼까? accurate(**정확한**)의 반대말 inaccurate(**부정확한**)을 써서 'algorithms have proved more inaccurate'이라고 써도 틀린 문장이 되고, more(더 ~)의 반대말

less(덜 ~)를 넣어 'algorithms have proved less accurate'이라고 써
도 틀린 말이 되겠지.

　문장이 'For example'로 시작하고 알고리즘이 정확해서 좋다는 **구체
적인 예시**가 나왔으니, 이 문장 앞에도 **'알고리즘이 좋아요'**란 내용으로
**일반화한 문장**이 나오지 않았을까 싶어.

접속사 whether['웨더'] '**문**'장도 '**명**'사 문장이다.

'웨''더' '문' '명'

'왜''더' '문''명'

우리 인류는 '왜' '더' '문''명'을 이룩한 거지?

'왜 더' '문''명'

**웨더 문 명**

… 응?

## CHAPTER 25

Camila nodded, seeing how happy her gift of the glasses had made their dad.

고3 2023학년도 11월 대학수학능력평가 홀수형 43~45번

카밀라는 얼마나 그녀의 안경 선물이 그들의 아빠를 행복하게 만들었는지를 보면서 고개를 끄덕였다.

> **nod** [nɑd] **v.** (머리를) 끄덕이다, 꾸벅이다, 꾸벅꾸벅 졸다
>            **n.** 끄덕임, 꾸벅거림, 졸음
> **gift** [gift] **n.** 선물, 재능
> **glasses** [glǽsəz] **n.** 안경

꼬마에서, **선물** 많이 받아봤지?

그럼용, 가족들이랑 친구들에게 많이 받았어용.

이 문장도 가족 간의 **선물**에 관한 내용이지.
'**선물**' 하니까 해주고픈 얘기가 하나 있네.

넹? 모야, 모야, 궁금행! 몬데용?

트랜스풀어

이 『트랜스폼어 수능 영어』 책이 불량교생이
너희들에게 선사하는 '선물'이란 얘기야.
부디 좋은 '선물'이 되길 바라고,
이 '선물' 많이 아끼고 사랑해주기 바람.

모야, 모야, 이거 감동이야! 예서는 그 마음 알지, 알지!
이제 수능 영어가 어떤 건지도 조금은 알 것 같아용.
감사합니다앙, 불량교생님!
불량교생님은 대한민국 최고의 개인 과외 선생님이 맞아용!

주어
**Camila**

카밀라는

주어 　　　　　서술어
**Camila nodded,**

카밀라는 **고개를 끄덕였다**

주어 　　　　　서술어 　　　분사구문
**Camila nodded, seeing**

카밀라는 고개를 끄덕였다, **보면서**

주어 　　　　　서술어 　　　분사구문 　　의문사 　　형용사
**Camila nodded, seeing how happy**

카밀라는 고개를 끄덕였다, 보면서, **얼마나 행복하게**

주어 　　　　　서술어 　　　분사구문 　　의문사 　　형용사 　소유격 　명사
**Camila nodded, seeing how happy her gift**

카밀라는 고개를 끄덕였다, 보면서, **그녀의 선물이** 얼마나 행복하게

| 주어 | 서술어 | 분사구문 | 의문사 | 형용사 | 소유격 | 명사 |
|---|---|---|---|---|---|---|
| Camila | nodded, | seeing | how | happy | her | gift |

| 전치사 | 명사 |
|---|---|
| of | the glasses |

카밀라는 고개를 끄덕였다, 보면서, 그녀의 **안경** 선물이 얼마나 행복하게

| 주어 | 서술어 | 분사구문 | 의문사 | 형용사 | 소유격 | 명사 |
|---|---|---|---|---|---|---|
| Camila | nodded, | seeing | how | happy | her | gift |

| 전치사 | 명사 | 조동사 | 과거분사 |
|---|---|---|---|
| of | the glasses | had | made |

카밀라는 고개를 끄덕였다, 보면서, 그녀의 안경 선물이 얼마나 행복하게 **만들었는지를**

| 주어 | 서술어 | 분사구문 | 의문사 | 형용사 | 소유격 | 명사 |
|---|---|---|---|---|---|---|
| Camila | nodded, | seeing | how | happy | her | gift |

| 전치사 | 명사 | 조동사 | 과거분사 | 소유격 | 명사 |
|---|---|---|---|---|---|
| of | the glasses | had | made | their | dad. |

카밀라는 고개를 끄덕였다, 보면서, 그녀의 안경 선물이 **그들의 아빠를** 얼마나 행복하게 만들었는지를

**어법 POINT! 트랜스폼어**

**주어 + 서술어 , 현재분사 -ing ~ [동시 상황의 분사구문]**

, (콤마)   분사구문
Camila nodded **,** seeing how happy ~
주어      서술어

동사 **see** 보다

↓

분사구문 **seeing** 보면서

앞에 주어와 서술어로 된 문장이 나오고, 뒤에 콤마(',')와 함께 현재 분사 '-ing' 모양이 왔네. 이런 걸 우리는 '~하면서'라는 뜻으로 새기는 동시 상황의 분사구문이라고 부른다고 했지?

## had + p.p. [과거완료] [과거 이전의 과거, 과거보다 더 과거]

과거형동사                 과거완료

Camila **nodded**, seeing how happy her gift **had made** their dad
끄덕였다                               만들었었다
(과거의 행동)                           (끄덕였던 행동 이전에)

우리가 그동안 have p.p. 모양의 **현재완료**를 좀 봤었는데, 이렇게 had p.p. 모양은 처음 만나는 것 같네. had p.p.를 우리는 **과거완료**라고 불러. 현재완료는 'have(has)'라는 **현재형 동사**에 과거분사 p.p.가 결합 하여 **현재와 관련된 과거**의 이야기를 해줬지. **과거완료**는 'had'라는 과 거형 동사에 과거분사 p.p.가 결합하여 **과거와 관련된 과거** 이야기를 해줘.

**과거와 관련된 과거**가 무슨 말이냐고? **과거 이전의 과거, 과거보다 더 과거** 이야기란 뜻이야. 위 문장에서 카밀라가 고개를 끄덕이는 행동 을 한 게 **과거**지? nodded라는 **과거형 동사**를 썼잖아. 이 과거 시점을 기준으로 그 전의 과거에, 이 과거 시점보다 더 과거에, 그녀의 선물이

**수능 영어의 서막**                                           ☆ **213**

아빠를 행복하게 '만들었었다'는 걸 표현하기 위해 **과거완료, had p.p.**인
had made를 쓴단 얘기야.

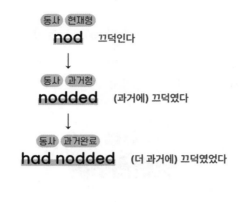

그래서 보통 **과거완료, had p.p.**가 들어간 문장은 그 앞뒤에 **과거형
동사**가 나오기 마련이야. 기준이 되는 이 **과거 시점**보다 **더 과거**에 had
p.p.의 일이 일어났단 얘기를 해주는 거지. 예를 하나만 들어볼까?

위 문장에서 그녀가 그를 만난 적이 있었다고 생각했대. 생각하는 시
점이 **과거형 동사** thought을 써서 **과거**잖아. 그런데 당연히 그 **과거 시**

점보다 더 과거에 그를 만났었겠지. 그래서 had p.p. 과거완료 모양으로
had met이라고 써준거야.

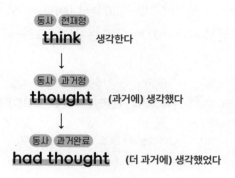

**make 동사 + 목적어 + 보어【형용사 보어】**

　　　　　　　　보어　　　　　　　　　　　　　　　　　　　　서술어　　목적어
seeing how **happy** her gift of the glasses had **made** their dad
　　　　　　　形容詞　　　　　　　　　　　　　　　　　　　　동사　　　명사

이 문장에서 또 주목할 단어가 **서술어**로 쓰인 (had) made 동사인데, 바로 뒤에 **목적어**로 쓰인 **명사** (their) dad랑 저 앞에 뚝 떨어져 있는 **형용사 happy**랑 ―미리 얘기하지만 이 **형용사 happy**는 **보어야**― 함께 봐야해. 문장을 또 간단히 줄이고 보기 쉽게 순서도 좀 바꿔서 다시 써볼게.

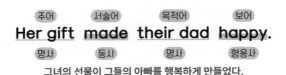

Her gift made their dad happy.

그녀의 선물이 그들의 아빠를 행복하게 만들었다.

Her gift(**명사로 주어**) '그녀의 선물이' made(**동사로 서술어**) '만들었어', 무엇을? 아니 누구를? their dad(**명사로 목적어**) '그들의 아빠를', 어떻게? 어떻게? happy! **행복하게!** 만들었다고.

happy를 빼면 문장이 뭔가 부족한 거 보여? 아빠를 어떻게 만들었단 말인지 잘 모르겠잖아. happy를 넣어서 부족한 부분을 **보충**해주고 있지. 아, 아빠를 행복하게 만들었단 얘기구나, 비로소 이해가 되는 거지. happy란 **형용사**가 뭔가 부족한 부분을 **보충해주는 말**, 바로 **보어**란 얘기야.

그런데 잠깐! 뭔가 이상하지 않아? happy는 **형용사**인데 해석을 마치 **부사 happily**처럼 '**행복하게**'로 해석을 해버렸네? 그래서 이게 영어 문법에서 학교 선생님들이 강조하는 사항이야. **보어**가 우리말로는 **부사**처럼 해석하지만 영어로는 **품사를 형용사**로 써야 하니까.

목적어  보어
Her gift made their dad happy.
형용사
목적어 보충보어

**보어**로 **형용사**를 쓴다. **형용사 보어**란 말을 잘 새기기 바람. 그리고 이 문장에서 누가 행복하다고? **목적어인 아빠가 행복한 거지? 보어 happy가 보충해주는 말이 바로 앞의 목적어지.** 그래서 이 happy는 목적어를 보충해주는, **목적어 보충보어야.**

사실, **보어는** 우리가 처음 수능 영어 마인드에 도전할 때 이미 만난 개념이야. **be동사의 뒤에 나오는 말은 보어가 된다고 했던 말, 기억나?** 위 문장을 살짝 변형해서 다시 생각해보면,

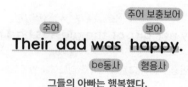

그들의 아빠는 행복했다.

이 문장에선 누가 행복하지? 이젠 **주어가 된 아빠가 행복한 거지? 형용사 보어 happy가 보충해주는 말이 이젠 주어지.** 그래서 이 happy는 주어를 보충해주는, **주어 보충보어야.**

영어에서 **보어는** 이렇게 주어나 목적어를 보충해주는 역할을 해줘. 보충해주는 말, 보어, 꼭 기억해줘!

### how happy [의문사 문장] [명사 문장]

seeing how happy her gift of the glasses had made their dad

이제 마지막으로 **의문사 how**에 주목해보자. **의문사 how**(얼마나)란 말은 '얼마나 행복한지'를 얘기해주고 싶어서 나온 말이잖아? 그러니까 how랑 happy를 붙여쓰는 건 당연하겠지? 이렇게 **의문사**가 나오고 뒤에 **주어**(her gift of the glasses)와 **서술어**(had made)가 나온 모양이야. **주어**와 **서술어**가 나오면 우린 이걸 '**문장**'이라고 부른다고 했지. 즉 이 '**의문사 + 주어 + 서술어**' 문장은 간단히 '**의문사 문장**'이라고 부를 수 있어.

의문사 문장 = 명사 문장

**seeing how happy her gift of the glasses had made their dad**

목적어

얼마나 그녀의 안경 선물이 그들의 아빠를 행복하게 만들었는지**'를'** 보면서

그리고 우린 이 '**의문사 how 문장**'이, 'how happy her gift of the glasses had made their dad'가 통째로 **명사**로서 seeing의 **목적어**가 된다는 사실을 알 수 있어. **의문사 문장**이 통째로 **명사 문장**이다, **명사 문장**으로서 **목적어 문장**도 될 수 있다! 오케이?

**문장이 통째로 하나의 품사 역할을 한다**는 사실을 앞서도 꾸준히 강조했지. 이렇게 **문장의 품사 기능**을 파악하면, 긴 문장을 통째로 하나의 품사로 명사구나, 형용사구나, … 주어구나, 목적어구나 파악하면, 그게 바로 **긴 문장을 한눈에 독해하는 안목**을 키운 거 아니겠어? **어법 공부가 곧 내용 이해고, 독해 과정**이라고 처음부터 얘기했었지. 왜 그런 말을 했는지 알겠지?

아빠에게 선물을 준 딸의 이야기인 것 같아. 이러한 내용을 담아 'A Daughter's Gift to Dad' 식으로 제목을 지으면 되겠지?

자신의 선물로 아빠가 **행복해하는(happy)** 모습을 딸인 카밀라가 보고 있는 것 같아. 카밀라의 심정도 당연히 **행복(happy)**하겠지?

이 문장에서는 Camila 한 사람만 보이지만 뒤에 'their'란 말이 있으니까 **형제나 자매(siblings)**가 아마 더 있는 것 같아.

Camila는 왜 고개를 끄덕였을까(nodded)? 앞에서 누군가가 무슨 말이나 행동을 했고 이에 **동의(agreement)**를 한 것 같아. 선물을 주는 상황이니까 뭔가 달달한 멘트를 했을 거라고 추론해볼 수도 있겠지? 그리고 아빠한테 선물한 게 뭐지? **안경(the glasses)**이지? 그렇다면? 아빠가 **시력(vison)**이 좋지 않을 지도 몰라. 아니면 쓰던 안경에 문제가 생겼을 수도 있지.

**'형'**용사 **'보'**어가 **'주'**어나 **'목'**적어를 **'보'**충한다.

**'형' '보' '주' '목' '보'**

**'형'**이 **'보'**여, **'주'**로 **'목'**이 **'보'**여

아우가 형의 목을 보고 있음

**형 보 주 목 보**

··· 응?

트랜스폼어

# 아웃트로
# Outro

불량교생과 함께 한
**수능 영어 마인드(Mind) 공사** 작업,
어땠나요?


영어 문장 하나하나마다
**진심**으로, **다채롭게**
수능 영어의 모든 것을
이해하고자 하였습니다.


영어 너무
**시로**하지 말고,
이 『트랜스폼어 : 수능 영어의 서막』을,
문장 하나를 보더라도
낱낱이, 제대로, 깊이 있게 보는,
수련(修練)의
**예시로**
삼길 바랍니다.


여러분의 영어 실력이
이 『트랜스폼어 : 수능 영어의 서막』와 함께
From Zero to Hero

탄탄히 기초를 다지면서
월등한 실력으로 도약하기를
바랍니다,
**진심으로!**

p.s.
『팔행시 천자문』에 이어
『트랜스폼어 : 수능 영어의 서막』도
이토록 정성껏 공들여
이쁘고 깔끔하고 보기 좋게 책을 꾸며주신
이새희 편집디자이너님께
진심으로 감사하단 말씀을 드립니다.

『트랜스폼어 수능 영어의 서막』 수능 기출 문장들의 mp3 파일은
하움출판사 블로그 https://blog.naver.com/haum1000에서
다운로드 받아 들으실 수 있습니다.

# 트랜스폼어: 수능 영어의 서막

1판 1쇄 발행  24년 6월 26일

지은이  불량교생

편집 이새희
마케팅・지원 김혜지

펴낸곳 (주)하움출판사   펴낸이 문현광

이메일 haum1000@naver.com   홈페이지 haum.kr
블로그 blog.naver.com/haum1000   인스타 @haum1007

ISBN  979-11-6440-633-3(53740)